华夏文库·儒学书系

古文运动
韩愈 柳宗元

郭凌云 著

大地传媒 中州古籍出版社

《华夏文库》发凡

毫无疑问，每一个时代都有属于自己时代的精神追求、文化叩问与出版理想。我们不禁要问，在 21 世纪初叶，在全球文明交融的今天，在信息文明的发轫初期，作为一个中国出版人，我们正在或者将要追求什么？我们能够成就或奉献什么？我们以何种方式参与全球化时代的文化传播进程？在一连串的追问下，于是，有了这套《华夏文库》的出版。

自信才能交融。世界各大文明在坚守自身文化个性的同时，不约而同地加快了探视其他文化精神内涵的步伐，世界不同文明正在朝着了解、交流、碰撞、借鉴与融合的方向前进。在此背景下，建立自身的文化自信，正是与世界各文明民族进行文化交流的基本要求。五千年中华文明与文化正在不断地被其他文明所发现、所挖掘、所认知，汉语言正在生长为世界语言，儒文化正在世界各地生根发芽。

借助这样一种正在成长着的文化自信、自觉、开放、亲和之力，用我们这个时代的学术眼光全面系统梳理中华五千年的文明与文化，向其他各大文明与文化圈正面展示自我，让中华优秀文化成为世界文化的重要组成部分，正是我们出版这套文库的目的之一。此其一。

知己才能知彼。身处五千年文化浸润的今天，重新思考我们先人的人生思考、价值思考与哲学思考，找到一个民族、一个国家的价值所在、立命所在、安身所在，这已经是我们这个时代的学人与出版人不得不再思考的问题。作为中华文明的一分子，我们在思考的同时，还必须了解我们的先人创造了如何优秀的精神文明与物质文明以及社会文明。只有熟知自己的文化，热爱自己的文化，悟明自己的文化，我们才能宣说自己、弘扬自己、光大自己。因此，我们策划组织这套《华夏文库》的初衷，还在于让当下的知识青年全面系统瞭望中华文明与文化的全景，并借此能够对更为深广的世界各民族文化提供一个比较认知的基础。此其二。

顺势才能有为。我们正处在农耕文明、工业文明、信息文明的交汇处，信息文明带领我们从读纸时代进入读屏时代，以智能手机屏幕为代表的书籍呈现方式正在与纸质书籍争夺阅读时间与空间。我们正在领悟数字技术，正在以信息文明的视角，去整理、分析和研究农耕文明与工业文明的文化遗产，不仅仅是为了唤醒优秀的传统文化，我们还在生发和原创着当今时代的文化。由此，我们试图架起一座桥梁——由纸质呈现而数字呈现，由数字呈现而纸质呈现，以多媒介的书籍呈现方式，将文字、图像、声音与视频四者结合，共同筑成《华夏文库》以奉献给信息文明时代的新读者。此其三。

总之，这是一套——专家大家名家写小书；以最小的阅读单元，原创撰写中华精神文化、物质文化与社会文明系列主题与专题；以图文、音视频多媒介呈现的方式，全面介绍与传播中华文明与优秀文化，系统普及与推介中华文明与文化知识；主旨是为了让世界与中国共同了解中国的——大型丛书，借此，复兴文化，唤起精神，融入世界。

耿相新
2013 年 6 月 27 日

目 录

引言 1

◎ 上篇　韩愈

一　生平、传承与交游

　　1　生平 19

　　2　传承与交游 35

二　学术思想和造诣

　　1　儒学成就 45

　　2　哲学思想 58

　　3　政治思想 62

　　4　经济思想 66

　　5　教育思想 70

　　　　6　文学思想和成就···75

三　评价
　　　　1　韩愈的为人···82
　　　　2　取得的成就···84

◎ 下篇　柳宗元

一　生平、传承与交游
　　　　1　生平···91
　　　　2　传承与交游···101

二　学术思想和造诣
　　　　1　儒学成就···109
　　　　2　哲学思想···122
　　　　3　政治思想···130
　　　　4　文学思想和成就···138

三 评价

1 柳宗元的为人……………………………………148
2 取得的成就………………………………………150

小知识目录

安史之乱 ………………………………………… 2
士族 ……………………………………………… 5
宪宗死亡之谜 …………………………………… 8
《五经正义》 …………………………………… 15
韩愈生母之谜 …………………………………… 20
干谒 ……………………………………………… 22
一次让人脸红的干谒 …………………………… 24
李愬夜袭蔡州 …………………………………… 26
韩愈祭鳄鱼 ……………………………………… 34
韩云卿的名望 …………………………………… 36
韩愈《醉留东野》 ……………………………… 38
长安暗杀事件 …………………………………… 43
韩愈《论佛骨表》 ……………………………… 49
唐武宗灭佛 ……………………………………… 52
大颠禅师 ………………………………………… 55
对"性情"的理解 ……………………………… 61
韩愈被贬阳山之谜 ……………………………… 64

韩愈《师说》	72
《讳辩》	76
韩愈"炫富"	83
苏轼《潮州韩文公庙碑》	88
唐代铨选	92
永贞革新	94
刘禹锡二度题诗玄都观	97
河东柳氏家族	102
二王八司马	105
桐叶封弟	111
三皇五帝	114
洪州禅	118
佛教的"孝"	120
盘古开天辟地	124
天人合一	126
《时令》的变迁	129
《梓人传》	132
晋文公问原守	137
《至小丘西小石潭记》	142
《童区寄传》	143
《临江之麋》	146
韩愈之问	152

引言

韩愈、柳宗元生活的时代已是中唐时期,当时盛唐的辉煌刚刚过去,虽然整个国家已经走在了下坡路上,但是仍有不少人梦想着能够实现中兴。经过了多年的积累,这时唐朝的思想、文学、艺术等都出现了繁盛的局面,古文运动风生水起,疑经疑古成为时代风潮,佛教和道教获得兴盛发展,三教融合的趋势逐渐形成。但是当时的政治形式却不容乐观,藩镇跋扈、宦官当权、朝廷内党争纷繁,这些都成为国家的毒瘤,却难以清除,不少士人身不由己地卷入到这些旋涡之中,韩愈和柳宗元也不例外。

盛唐难追,期待中兴

韩愈和柳宗元生活在中唐,这时盛唐的繁荣已经成为昨日云烟,盛极难在,唐王朝逐渐走上了下坡路。

导致这种转折的关键事件是安史之乱。安史之乱持续了将近8年,对国家造成了重创,朝廷元气大伤,并引发了军事、经济、社会、政治等方面的一系列问题。

叛乱虽然平定了,但是此后藩镇割据、宦官专权、政治内讧愈演愈烈,大大小小的战乱和动荡也始终不断。国家财力、物力、人力都遭到了极大破坏，社会矛盾激化，各派政治势力之间尔虞我诈、你争我夺，斗争尖锐而激烈。

为了重现往日辉煌，唐朝上下进行了多次努力和奋斗。然而，虽然出现了短暂"中兴"的局面，平定了叛乱，国力也在一定程度上得以增强，但是很快又陷入了危局。

不过，中唐毕竟与日薄西山的晚唐不同，刚刚过去的盛世，让人们仍然对未来心怀希望，渴望安定统一，社会整体的精神状态仍然是有为向上的；而且之前积累的国力尚存，经济基础仍然比较扎实，国家在名义上仍然保持着统一。

就是在这样的希望和破灭交织中，韩愈和柳宗元迈上了他们的人生舞台。他们都渴望经世济民，报效君主，推动国家的复兴。韩愈在担任监察御史期间，因为上书直陈灾情，为民请命，触怒权贵，被贬阳山。此后，韩愈的仕途几番起落，却始终恪守为国为民的宗旨，造福百姓、兴办教育，至今仍然为当地人民缅怀。柳宗元曾积极投身改革，希望解决一系列的社会问题，然而最终改革失败，他也遭到远贬。虽然柳宗元没有放弃自己的理想，组织当地人民打井种树，发展民生，对当地文化影响深远，却也只能偏于一隅，无力回天。他们处在当时复杂的社会局面中，常常身不由己，在宦海中浮沉，曾经的热忱和理想，最后只是变成了一声叹息和无尽追忆。

小知识◎安史之乱

> 安史之乱是唐朝由盛而衰的转折点。其中"安"主要指安禄山和他的儿子安庆绪，"史"主要指史思明和他的儿子

史朝义,所谓"安史之乱"是指他们起兵反对唐王朝的一次叛乱。安史之乱开始于唐玄宗天宝十四载(755年),唐代宗广德元年(763年)才结束,前后历时8年。对唐朝的社会、政治、经济、文化等方面造成了巨大破坏,为唐朝中后期埋下了一系列隐患,影响巨大。

文化繁荣,成就迭出

中唐时虽然国家实力走向了下坡路,但是思想、文化方面却成就迭出,出现了大繁荣的局面,对后世影响深远。

中唐的繁荣与盛唐的繁荣不同。盛唐如同一个充满了理想、热情和希望的年轻人一样,活力四射,蓬勃向上;而中唐则如同刚刚步入不惑的中年人,虽然理想还在,但是却对现实有了更深刻的认识,对社会问题的思索更加冷静,既富有文采,又不乏思想深度。

这个时代,诗文创作和文学理论都出现了高潮。诗歌、散文、小说、曲子词,还有各种民间文学不断推陈出新,成就斐然。就文章创作来看,韩愈在继承前人思想的基础上,发起和领导了"古文运动",扭转了齐梁以来衰靡的文风,开启宋风,对后世文坛影响深远。就诗歌创作来看,当时诗坛上出现了两个重要派别。一个是以韩愈、孟郊为代表的韩孟诗派,风格瘦硬生新,希望一洗诗歌中的香泽之气,实现"不平则鸣"的诗歌理想;另一个是元稹、白居易领导的新乐府运动,他们主张"诗歌合为事而做",希望通过诗歌补察时政、表现人情。他们的理论和实践直接影响了后代的诗歌创作。

科举日兴，士庶变动

到了唐代，六朝以来显赫一时的士族已经逐渐没落，很多原来的豪门贵族已经沦为庶人。比如晋朝重臣杜预权势极大、门第显赫，但是到了唐代，家族却早已没落。著名的文学家杜甫是杜预的后代，却只是一个普通的百姓，要靠辛苦地参加科举考试，才能求取到功名。类似杜甫的情况在当时非常普遍。柳宗元的家族在南北朝时是关陇地区三大家族之一，很有势力，但是到了柳宗元这一辈，昔日的荣光也没剩下多少了。

造成士、庶地位变动的一个重要因素是科举制度的兴盛。科举制度使庶族读书人有了改变自己命运的机会。他们本来出身寒门，却能够通过自己的学识和才干进入统治阶层，逐渐改变了统治阶层的构成，并进一步改变了社会结构和风气。朝廷和社会对于进士出身越来越看重，"士有不由文章而进，谈者所耻"，要是不通过科举考试得到任用，那么往往会被人瞧不起；"缙绅虽位极人臣，不由进士者，终不为美"，即使官当得再大，要不是进士出身，也算不上荣耀。韩愈和柳宗元两人没有家族势力可以凭依，都是靠着自己的文才和努力，考中了进士，得以跻身仕途，并在文坛和政坛占据了一席之地。

不过，士大夫们也没有完全抛弃旧的传统，在讲到自己出身时仍然注重门第。很多庶族士大夫为了给自己的履历增添光彩，往往上溯到久远的世系，希望能跟士族攀附上关系。比如李白自称出自陇西李氏的豪门，白居易、刘禹锡、元稹等人也纷纷在汉魏世家中去寻亲认祖。韩愈也不能免俗，声称自己的家族出自春秋时韩、赵、魏三家分晋的韩氏，是汉代韩信的后裔，世系十分悠远显赫。

小知识◎士族

　　士族，又称世族、门阀等，指世代为官的名门望族。门阀制度在从两汉到隋唐的漫长时期中，是选拔官员的重要制度之一，只注重个人的出身背景，而忽视才能与专长。士族制度从萌芽到成熟直至消亡，经历了漫长的发展过程。东汉时，士族地主开始形成。其后，曹魏政权实行的九品中正制，是士族制度形成的重要标志。西晋建立后，司马氏政权依靠世家大地主的支持，形成了典型的门阀政治。东晋时士族制度得到充分发展，进入鼎盛阶段。当时士族享有高官厚禄，垄断政权，占有大片土地和劳动力，崇尚清谈，他们的势力足以与皇权并立，甚至超越皇权。东晋后期到南朝时期士族制度逐渐走向衰落。隋唐时期在科举制度、土地改革、农民战争等因素的影响下，士族制度最终走向了消亡。

藩镇强势，朝廷苟安

唐代平定安史之乱时，采取了和叛将妥协的策略，对藩镇势力的打击和制约不够彻底，从此种下了藩镇割据的祸根，对国家安危和人民生活造成了极大的危害。

实力强的藩镇专横跋扈，凭借自己强大的武力，自成一体，不买朝廷的账。比如"河北三镇"，拥兵自重，占据多个州地，境内法令、官爵、甲兵、租赋等都自行决定，名义上是藩镇，其实等同于独立的国家。实力弱一些的藩镇，有的依附朝廷，有的依附其他藩镇，有的为求自保，左右逢源，相机而动。不少藩镇都拥有自己的人事任免权。很多在朝廷选任上不得志的文士常常到藩镇去寻找出路。比如韩愈在参加朝廷举办的几次铨选失败后，就转投到藩镇幕府，先后投靠汴州董晋、徐州张建封，不过韩愈在这些藩镇幕府的仕途也不顺利，还两次遇到藩镇兵变，险些丧命。

肃宗、代宗对藩镇主要采取姑息态度，藩镇割据日益严重。

德宗即位后，立志平定藩镇，但是因为种种原因，反而引发了大规模的藩镇叛乱，德宗也被赶出了京城，被迫逃亡奉天（今陕西乾县），后来又逃到梁州（今陕西汉中），流离失所。战乱持续了5年左右，最后朝廷不得不向藩镇妥协，才换来了暂时的安定。

顺宗朝时柳宗元参与了永贞革新，革新内容之一就是抑制强藩，可惜因为在位时间短暂，很多工作没来得及展开。宪宗虽然打击镇压了王叔文集团，但是肯定并保留了抑制强藩的策略。后来藩镇气焰嚣张，甚至暗杀了宰相武元衡。以韩愈、裴度为代表的主战派坚决主张打击藩镇，韩愈还曾上书提出了抑制藩镇的策略。最后宪宗终于下定决心，任命裴度为统帅。裴度提拔韩愈为行军司马，在韩愈的辅佐下，终于平定了淮西之乱。韩愈还奉命撰写了《平淮西碑》，刻石记功。从此唐朝迎来了元和中兴的局面。不过，由于藩镇兵强马壮，朝廷又积重难返，因此藩镇为祸的弊端并没有得到根本解决，朝廷常和藩镇处于僵持状态。韩愈晚年时，成德军都知兵马使王廷凑叛乱，穆宗本来下令征讨，但是久战不胜，最终向藩镇妥协，转而任命王廷凑为节度使。韩愈临危受命，前去镇州宣抚，暂时安抚了王廷凑叛乱。

宦官干政，操纵国事

安史之乱后，唐朝历代帝王吸取强藩害国的教训，开始重用亲近的宦官。宦官参政逐渐形成了制度化，从而为中晚唐的统治埋下了一颗定时炸弹。

从玄宗晚年起，宦官就逐渐开始干政。从代宗开始，任用宦官"掌枢密"。宪宗设左右枢密使，任命宦官担任，导致中央机构的权力日益被宦官侵占。德宗设左右神策护军中尉，由宦官掌握京师的全部军队。而且，皇帝又派宦官为监军，监督藩镇。宦官手中的军政大权越来越重。

在肃宗、代宗等朝代，虽然宦官权势不小，出现了李辅国、程元振、鱼朝恩等专权干政的宦官，但是皇权对宦官仍然能够制约，还在掌控之中。可是后来宦官的权力越来越大，逐渐同权臣和藩镇勾结，甚至能够毒杀皇帝，决定继位人选，左右政局，严重破坏了统治秩序和国家稳定。

不少官员和有识之士都认识到了宦官专权的弊端，纷纷上书，提出过削弱宦官的方案，在职权范围内跟宦官进行斗争，力图整顿朝纲。比如韩愈曾在洛阳担任督官员外郎，负责分判祠部事务。因为整顿僧尼道士的入籍问题，跟当权的宦官起了冲突。当时的洛阳留守郑余庆对他们进行调节，韩愈也不听，还给郑余庆写了一封信，说自己只要在这个位置上，就坚决不跟宦官妥协，除非把他派到别的部门。郑余庆没有办法，只好在元和五年（810年）把韩愈调去做了河南令。

可惜，文臣们的这些努力在宦官们手握的实权面前显得是那么软弱无力，最后几乎都以失败而告终，并且遭到了宦官们疯狂的报复。

昭陵唐墓壁画《给使图》
该壁画描绘的是唐代宦官的形象,昭陵陪葬墓段简璧墓出土。它采用"以丑为美""化腐朽为神奇"的手法,以漫画的形式,艺术地再现了宦官的形象

即使是皇帝也不例外。比如,顺宗继位后,王叔文集团曾力求改革,准备夺取宦官兵权,但是却没能成功。结果顺宗被迫退位,宪宗继位。王叔文被贬,柳宗元等其他革新派主要成员也遭到远贬,他们中的有些人就在贬所郁郁而终。而宪宗之死也跟宦官脱不开干系。

小知识◎宪宗死亡之谜

元和十五年(820年)正月庚子这天晚上,唐宪宗暴死在大明宫。

关于唐宪宗之死,有几种说法:

第一种说法认为宪宗是吃丹药而死,宪宗常服用所谓的"仙丹",可能是仙丹有一定的毒副作用,导致了皇帝猝死。

第二种说法认为太监陈弘志谋杀了皇帝，他活活地勒死了唐宪宗。第三种说法认为是宪宗的皇后郭氏杀死了他，因为宪宗宠幸其他嫔妾，担心郭家势力太大，迟迟不愿册立郭氏为皇后。第四种说法认为是宪宗的儿子，也就是随后继位的穆宗杀死了他。第五种说法认为是郭氏和穆宗联合杀死了宪宗。

总之，关于宪宗之死众说纷纭，不过很多知名历史学家更倾向于穆宗和郭皇后是凶手，认为是他们指使宦官杀死了宪宗。

派系激烈，内乱频仍

安史之乱后，朝廷中各个集团、派别之间的斗争日益激烈。根据成员构成来说，朝廷官员中主要包括三种势力：第一种是通过世袭获得高位的朝廷重臣，他们依靠世代传承积聚了巨大的财富和人脉，比如杜佑、武元衡等人。第二种是通过军功获得高位的官员，动乱的时代造就了他们的辉煌，并且不断扩张着自己的力量，比如郭子仪、马燧等人。第三种是通过才干晋身的行政官员，国家面临的种种经济、政治危机给了他们机会和权力，他们的势力越来越大，地位也越来越重要，比如杨炎、刘晏等。在这些势力内部又有不少小的势力集团，这些集团都有自己的利益要求，政治主张也各不相同，彼此之间的斗争非常激烈。

普通的文人没有家族的支持，没有其他可以借鉴的资源，往往很难出人头地。比如韩愈曾经四次参加科举考试、三次参加官员铨选，但都无功而返。他不得不给很多权贵写信，希望得到延揽和推荐，但是也往往都是石沉大海。有些士人不得不依附于某个利益集团或是某

郭子仪像
郭子仪（697～781年），中唐名将，华州郑县（今陕西华县）人，祖籍山西汾阳。以武举高第入仕从军，因在安史之乱中率军收复洛阳、长安两京，功居平乱之首，被晋为中书令，封汾阳郡王，赐谥忠武，配享代宗庙廷

些权贵，个人命运往往随着利益集团的兴衰而浮沉。一荣俱荣，一损俱损。比如，李白因为得罪永王集团，被流放并最终死在夜郎。柳宗元依附于王叔文集团，在短暂的进用以后，半生沉沦，郁郁而终。韩愈一生仕途坎坷，晚年虽然开始得到重用，却也陷入了不断的政治旋涡之中，满腹才华和理想，却被内耗殆尽。

永贞革新，百天流产

永贞革新是中唐时期发生的重要政治事件，虽然短暂，却具有深刻的社会政治意义，并对韩愈、柳宗元的生活带来了深刻影响。

永贞元年（805年），唐顺宗继位后，以王叔文、王伾为首的一批官员得到重用和擢升，他们又提拔了柳宗元、刘禹锡等人，组成了永贞革新的核心集团。特别是柳宗元，因为才华横溢、文采卓绝，承担了革新派不少的文字起草工作，成为改革的中坚力量。他们雄心勃勃，采取了一系列改革措施，被后人称作永贞革新。但当时顺宗得了重病，中风失语，不能临朝。王叔文等人想开展改革，却得不到朝中重臣的支持。于是他们没有按照正常的程序管理朝政，在朝堂上议事程序不公开，常常绕开宰相们，由集团内部几人密议决定；在内廷则联合宦官李忠言和嫔妃牛昭蓉，代传皇帝圣旨。这引起了百官的猜疑。十来天后，重病的顺宗不得不在紫辰门第一次召见百官，平复众议。但是却只是让百官远远地望了望就草草收场，反而更加重了百官的怀疑。而且柳宗元、刘禹锡等人本来是官职比较低微的官员，骤得大用，引来百官的不满；而他们自己又年少得志、意气风发，言谈行事不知收敛，也得罪了不少权贵，为改革的失败埋下了隐患。

王叔文等人采取了一系列改革政策，比如废除宫市、抑制藩镇等，取得了一定成效，但在实施过程中出现了不少问题。更重要的是他们意图废除宦官，却手无兵权，又操之过急。以俱文珍为代表的宦官集团跟藩镇勾结，展开了反扑，导致了改革的失败。顺宗被迫禅位，太子李纯被推选继位。随后王叔文集团遭到远贬，柳宗元就是被贬的"二王八司马"之一。改革彻底失败。整个改革只持续了146天。

永贞革新彻底改变了柳宗元的命运，他的人生像坐过山车一样，骤然获得提拔，又迅速遭到贬斥，后半生从此沦落在当时的南荒之地。空有满腹才华和理想，却再也没有得到重用。虽然10年贬谪后曾经短暂地被召回京，但是很快又被远贬，最终潦倒死去。然而，也正是这样的经历促使柳宗元更深入地思考人生和社会，并最终创作出了优秀的文学作品，形成了更为深刻的儒学思想，成为了中唐思想和文学的领军人物。

永贞革新之前，韩愈已经被贬阳山，远离了政治旋涡。不过，对于永贞革新，韩愈虽然没有参与，但是却也同他息息相关。韩愈曾怀疑自己遭贬就跟革新派脱不开干系，再加上他对革新派有诸多不满，所以他在永贞革新失败后，创作了不少诗文抨击谩骂革新派，还被任命撰写了《顺宗实录》，成为了这一事件的官方记录者。

佛道盛行，三教调和

唐代帝王在以儒家思想作为统治思想的同时，往往还信奉佛教或道教，从而为佛道两教的发展提供了良好的条件。正是在唐代，本是外来的佛教彻底克服了水土不服，跟中土传统结合，完成了"中国化"。其中，禅宗、净土宗、天台宗、华严宗等宗派适应了中土的文化传统，同时又具有较强的理论体系，便于实践，因此发展传播得很快，特别是在士大夫阶层中产生了极大影响。当时许多名人，比如王维、孟浩然、柳宗元等人都信奉佛教。而道教因为传说的创始人老子跟唐代帝王同姓，因此也得到了"国教"的待遇，其中内丹一派在唐代发展迅速，拥有广泛的受众。

佛、道思想博大精深，具有丰富的文化内涵，对唐代哲学、文学、思想等方面影响很大。儒、释、道三教之间经常互相发生冲击、碰撞和交流，在这个过程当中，丰富了彼此的思想学说，逐渐出现了相互融合的现象，产生了不少兼通儒、释、道三种学说的大家。文人与佛徒、道士之间的交往，也往往成为佳话，催生了不少优秀的思想和文学作品。柳宗元自称从小好佛，浸淫其中长达30多年。他说自己之所以这样，是因为佛教徒们不沉迷官场，不逞强斗气，清高脱俗，钟情山水之间，并且安贫乐道。而很多世俗中人却整日互相倾轧，为了升官发财不择手段。特别是柳宗元后半生改革失败，政治失意，被放逐南疆，忧愁苦闷，唯有佛教思想才能淡化他内心的伤痛。在柳宗元后期的很多作品中都能看到佛教思想的影响和印记，《永州八记》《江雪》等莫不如是。

不过，也有很多恪守传统儒学的文人对佛道持怀疑和否定态度。因为佛道势力日渐壮大，其成员良莠不齐，产生了很多社会问题。而且寺庙道观的供给需要耗费大量的财力和物力，对国家经济实力来说也是一种浪费。很多诸如此类的问题，使很多儒学家大张旗鼓反对佛学，韩愈就是其中最有名的代表。韩愈力排佛老，终生不渝，撰写《原道》，抨击佛老；在皇帝迎奉佛骨，对佛教顶礼膜拜时，韩愈却冒天下之大不韪，写了《论佛骨表》，劝谏皇帝将佛骨挫骨扬灰，改变崇佛的态度，结果差点被皇帝砍了头，最后被贬到当时遥远偏僻的潮州。即使如此，韩愈反佛的立场也仍然没有改变。

重解《春秋》，儒学复古

在学术上，批判和怀疑精神成为了当时的主流。汉魏以来的传统经学，重视考据训诂，注重章句和字义，把往古圣人的思想奉为言行准则，不鼓励突破和新见，却始终在学术上占据主导地位。并且因为具有极强的教化作用，有利于统一思想，巩固统治基础，所以得到了历代帝王的支持、提倡和推广，成为御用经学。唐初孔颖达编纂的《五经正义》虽然不废义理，但是仍以训诂为重，并没有打破原有经学的束缚。

从初唐开始，就不断有学者对传统经学提出质疑，不过，当时还是以史学家为主，主要集中在历史批判上。而到了中唐，变革的主力变成了经学家和文学家，他们关注现实，希望通过对经典的重新解读对社会有所补益，经学和文学结合得更加紧密，新思想的理论体系不断创新。

经学大家孔颖达

孔颖达（574～648年），字冲远，冀州衡水（今属河北）人，生于北朝，著名经学大师，曾奉唐太宗命编纂《五经正义》，融合南北经学家的见解，保存了西汉以来的经学成果，统一和总结了中国经学，成为集魏晋南北朝以来经学大成的著作

特别是安史之乱后，藩镇和宦官横行，朝廷大权旁落，针对这种情况，经学家希望通过提倡《春秋》中尊重王室的思想，对社会产生积极影响，从而产生了新《春秋》学。很多学者抛开传统的传注，直接解读《春秋》，以此来阐释自己的政治见解。比如韩愈曾说自己"《春秋》三传束高阁，独抱遗经究终始"，舍传求经，抛弃了拘泥章句的经学传统，不再通过研读《春秋》三传来解析经典，而是直接研究解读经典原文，寻求经世济民的儒家大道。柳宗元也撰写了《非〈国语〉》，对经典著作《国语》的内容、观点提出了一系列的质疑，认为里面的很多说法都是"诬淫"，是错误的，过于宣传迷信谶纬思想，不符合真正的儒家思想，不是尧舜之道。虽然其中很多见解不乏偏颇，但是这种舍传求经的风气，却成为了后来宋代学术思想的萌芽，预示着未来理学的形成。

小知识◎《五经正义》

　　《五经正义》，是唐代由官方颁布的一部儒学著作。《五经》指《周易》《尚书》《毛诗》《礼记》《春秋》五部儒家经书。因为汉末以来，儒家典籍散佚，儒学内部门派纷争不断，唐代为了统一社会政治、文化思想，适应科举考试的需要，由官方指定孔颖达等儒学家，以两汉、魏晋、南北朝至隋的多家注释为基础，对历代关于五经的解说进行了整理、删定，统一而成《五经正义》。"正义"主要是指对五经和前人注解的再注释。唐高宗永徽四年（653年）正式颁布，流传全国，从此直到宋代，都是科举考试中明经取士的标准。《五经正义》对唐代及其以后的思想文化等方面都影响很大，保留了不少有价值的文献资料，但是也存在一些问题，比如注解过于繁杂，文字晦涩难懂，存在一定的错误等。

古文运动，影响深远

　　唐代散文自初唐开始，就顺应时代的需求，开始出现革新。但是直到中唐，才真正成熟完善。散文革新既包括思想内容的革新，也包括形式等方面的革新。

　　思想是文学的灵魂，但是自从六朝以来，华美的骈文大行其道。骈文讲求对偶和声律，非常优美，很多文学家用这种文体创作出了不少脍炙人口的佳作，内容和形式俱佳，比如庾信的《哀江南赋》等作品。但是如果过于重视形式，忽视内容，难免会产生空洞浮靡之作。到了唐代，骈文的这种弊端表现得更加明显，因此散文革新应时而生。

韩愈是散文革新的领军人物，他认为散文革新首先要注重对思想内容的革新，主张文章要言之有物，要通过写文章来宣扬儒家义理，有补于世。其次，为了跟内容配合，形式上也要改革，要摒弃过于注重形式的骈俪文体，采用源自古代的散体，正是因为如此，再加上当时的文体改革有理论、有创作，声势浩大，影响巨大，所以后人把这次散文革新称作古文运动。

古文运动发端于唐初，当时独孤及、陈子昂等人就大力提倡，但是并没有形成风气；后来张说等人写作古文，声势大壮，推动了散文改革的发展；天宝年间以后，在李华、萧颖士等人的大力提倡下，散文革新取得了进一步的发展。直到安史之乱以后，社会现实日益复杂，人们的精神层面也不断经历着危机和冲突，客观现实要求有合适的文体来表达复杂的诉求。韩愈应时而动，大力提倡文体革新，并且身体力行，创作出了不少佳作，深刻影响了当时文坛，推动了文体革新的深化，从而促使古文运动真正进入了成熟期，给文坛和思想界带来了深刻变革，并一直影响到清代。韩愈因为在理论和实践两方面的杰出成就，被后世公认为古文运动的领袖。

◎ 上篇 韩愈

一 生平、传承与交游

他身居"唐宋八大家"之首,被誉为"文章巨公"和"百代文宗"。他出身贫寒,却胸怀天下,希望掌握权力造福社会,但是几番沉浮,苦多乐少。他性情耿直,孤高自赏,但是为了实现理想,谋求官职,不得不抛弃尊严,甚至谄媚求进。不过,临大节处他还是保持了应有的操守。历史最终对他的政绩和文学成就给予了肯定,苏轼说他"文起八代之衰,而道济天下之溺",赞扬他扭转了齐梁以后衰靡的文风,并且重新振兴了儒家学说,这是对他最中肯的评价。

1．生平

父母早亡，长嫂如母

韩愈（768～824年），字退之，河阳（今河南孟州南）人。按照古时常以郡望和官职相称的习惯，他因为"郡望"昌黎（今河北昌黎），因此又被称为韩昌黎；因为生前做过吏部员外郎，所以又被后人称为韩吏部。

韩愈出生在长安，那一年，他的父亲韩仲卿担任秘书郎，是个很有才干的官员，做地方官离任后，李白还为他撰写了《武昌宰韩君去思颂碑》，颂扬他的才能和政绩。可惜，韩愈3岁左右，他的父亲就去世了，而他的母亲去世得也很早，所以韩愈从小便成了孤儿。

父母双亡，大哥韩会便承担起了养育弟弟的重任。然而，大历十三年（778年）左右，很有才干的韩会却因为卷入当时的政治斗争，被远贬韶州，死在贬谪任上。这时韩愈才不过十二三岁。小小年纪，又一次承受了生离死别，而且生活变得更加艰辛。这对韩愈后来性格

古代贤女——韩愈之嫂郑氏

韩愈幼年由嫂子郑氏抚养长大,她教育韩愈不辍学业,并经常以继承韩氏家风的重大责任感去激励韩愈,最终韩愈成为一代名家

的形成产生了重大影响。

不过上天在关上一扇门的同时,也会打开一扇窗。韩愈痛失亲人,却遇到了一位好嫂子,也就是韩会的妻子郑氏。郑氏很能干,先将自己丈夫的灵柩送回原籍安葬,然后带着全家族近百口人迁徙,最后避居安徽宣州,并且义无反顾地承担起了照顾韩愈的重任。郑氏对韩愈的生活、学业等都非常关心,她乐观坚强的态度也让韩愈受益匪浅,为韩愈的一生打下了良好的基础。韩愈很感念嫂子的恩德,在嫂子死后,为嫂子服孝一年,并且为嫂子写了祭文,说"在死而生,实维嫂恩",自己当初孤苦伶仃,多亏了嫂子的大恩才存活下来,对嫂子的感激溢于言表。

小知识◎韩愈生母之谜

韩愈的母亲是谁?这在历史上是个难解的谜。因为韩愈自己在诗文中,从没说起过母亲,他的朋友、学生们在他去世后为他撰写的各种行状、碑传中也没有提起过,这种现象是很反常的。因为古时人们对父母都是极为尊敬和推崇的,生前孝敬、死后扬名是惯常的做法。但是韩愈的母亲却淹没在了历史的尘埃里,被大家主动忽视,是非常罕见的。据专家分析有几种可能,或者是韩愈可能从未见过生母,生母已经改嫁,或者他的生母其实是他的乳母,地位低微,这些在当时都不是什么光彩的事，所以，韩愈讳莫如深，他的朋友、学生们也隐讳不谈。

四次应举，三次选官

父母早亡，家境贫寒，使韩愈从小就很懂事，勤奋上进。读书、做官、改变家境、经世济民成为了少年韩愈心中最迫切的愿望。贞元二年（786年），19岁的韩愈离开了家乡，向心中的理想进发了。

从贞元三年到贞元五年，韩愈连续三次参加礼部举行的进士考试。他本以为凭自己的才华，能够手到擒来，没想到却次次名落孙山。唐代的科举考试，录取的比例很小，而且能否被录取取决于多种因素，比如考官的偏好、考生的名气和流行的文风等。韩愈出身贫寒，又不太喜欢和擅长当时流行的骈文，因此失败也就不足为奇了。

直到贞元七年，韩愈经过多年的科场打拼，已经在长安小有名气。当时的主考官是陆贽，是个骈文改造家，善于把古文作法融合到骈文中。韩愈的文风恰好符合了他的喜好。副考官梁肃是他哥哥韩会多年的好友，也大力推荐韩愈。

天时、地利、人和，韩愈终于一举登第。

韩愈这一届的进士榜单被称为"龙虎榜"，因为这一届录取的都是天下名士，比如李观、李绛、崔群、王涯、欧阳詹等。唐代同榜进士被称作"同年"，往往能够在各方面互相支援帮助。这些人中很多人成为了韩愈终生的朋友。

考上了进士只是开始，仅仅获得了入仕当官的资格。要想当官，还得继续参加吏部考试。吏部考试是科举考试的加强版，每年从进士中录取的人数屈指可数，有人考了20年都没有取得一官半职。这一次，

陆贽像
陆贽（754～805年），字敬舆，唐代政治家、文学家。苏州嘉兴（今属浙江）人。大历八年（773年）中进士，曾担任翰林学士和宰相等职位。有《陆宣公翰苑集》24卷传世

好运仍然没有眷顾韩愈。他连续参加了三次博学宏词科的选官考试，都落选了。

从贞元二年入京算起，这时已过去了10年，韩愈满腔理想，却处处碰壁，生活越来越窘迫。走投无路之下，从贞元十一年到贞元十六年，韩愈为了生计，只能先后投靠汴州董晋幕府和徐州张建封幕府，担任幕府小官，等待时机。

贞元十六年冬天，韩愈再入长安参加铨选，然而又以失败告终。直到贞元十七年，韩愈因为祠部官员的引荐，才得到了四门博士这个职位。四门博士主要教授下层贵族和平民子弟，官职低微，俸禄很少，跟韩愈的理想相差甚远。

小知识◎干谒

唐代的科举考试期间，考生们一般都要进行"干谒"活动，拜访当时的权贵名人，献上自己的作品，请对方为自己

延誉扬名。包括李白、杜甫、孟浩然等人都曾有过这类活动。干谒本身没有什么问题，起初不过是考生通过文章自荐，因此产生过很多精彩作品和故事，成为了文坛佳话。不过，因为科举竞争激烈，所以在干谒过程中，也产生了很多龌龊的事。很多干谒者对权贵摇尾乞怜，竞相谄媚，不惜牺牲人格和自尊；而很多被干谒者，也自恃地位，高高在上，倨傲冷淡，随意羞辱和践踏别人。干谒也逐渐变了味道，很多爱惜声誉的考生不屑进行干谒。

上书直谏，被贬阳山

贞元十九年（803年），韩愈四门博士任满，被升为监察御史。这次升迁有两个原因，一是韩愈"文日益有名"，在文坛名气越来越大，另外可能与韩愈曾经干谒李实有关系。

然而，韩愈上任不久，就遇到了一件棘手的事。

贞元十九年，长安周围地区先是大旱，接着又遇到霜冻灾害，收成非常不好。一般这种情况应该减免租税，救济灾民。但是京兆尹李实却对唐德宗撒谎，说"今年虽然大旱，但是庄稼长得很好"。结果，百姓不但得不到救济，还要跟往常一样缴纳租税。人们走投无路，只好拆房卖瓦，抛弃妻女，甚至卖掉孩子凑钱上交官府。尽管李实手握重权，并且可能对韩愈升职有恩，但是韩愈看到饿殍遍野、家破人亡的惨剧后，非常愤怒，毅然上书《御史台上论天旱人饥状》，揭露事实，为百姓申诉。

结果这封上书触怒了相关的利益集团，韩愈在监察御史任上还不满半年，就被远贬到连州阳山。这时距离他上书才10天。

唐德宗像
唐德宗李适（742～805年），唐朝第九位皇帝（除武则天以外），在位26年，曾引领唐朝出现短暂的中兴气象。但后期采取重用宦官、征收苛税等措施，引起了民怨

　　韩愈的这一次起落，都跟李实有一定关系。但是干谒李实令韩愈遭到后世的指责，而上书劝谏却令韩愈赢得了后世的赞誉。

　　后来经过了种种纷争，顺宗、宪宗先后即位，韩愈也担任过几任地方官吏。直到元和元年（806年），韩愈才被任命为国子博士，踏上了回京之路。

小知识◎一次让人脸红的干谒

　　韩愈担任国子博士期间，李实是长安的京兆尹，声名狼藉。李实以前担任山南东道节度使判官时，曾克扣士兵的衣食，引起士兵哗变，只得在夜里偷偷翻出城墙才捡回一条命；当了京兆尹之后，仍然刚愎自用，不守礼法，百姓怨气很大。

　　但是韩愈在学官任将满之际，急于寻求更好的职位，所以，不顾李实的为人，给李实写了一封估计他自己看了都脸红的干谒信,信里夸李实"赤心事上,忧国如家",对皇帝、对国家忠心耿耿,还夸他把长安治理得非常好,违法犯罪的事基本上绝迹了。最后,韩愈还跟李实表忠心,表示自己盼望着能为李实效劳。这封信可能使李实对韩愈产生了好感,向朝廷引荐了他。

仕途稳进,出征淮西

回京后,韩愈因为陷入政治旋涡,担任国子博士时间不长,就不得不自请分司东都洛阳的国子监,远离是非。在洛阳,韩愈先后担任过督官员外郎、河南令、职方员外郎等职务。他尽职尽责地做好本职工作,兴办教育,移风易俗。最终又被调回了长安。

从元和六年到十三年(811~818年),韩愈一直在长安工作,历任职方员外郎、国子博士、吏部考功郎中、中书舍人等职务,升迁比较顺利。这一方面是因为韩愈的名声越来越大,另一方面与当时的执政集团的好恶有关。当时的执政集团比较正直有为,并且对韩愈也比较赏识。

在这期间,他迎来了自己人生中的辉煌。

当时藩镇问题是朝廷的心腹大患,藩镇的气焰非常嚣张,甚至派人刺杀了当朝宰相武元衡。然而围绕是否出兵,主战派和主和派始终争执不下。元和十二年(817年),主战派终于占据了优势。唐宪宗任命裴度出征淮西。在裴度的要求下,韩愈以右庶子兼御史中丞,充彰义行军司马,随征淮西。行军司马是节度使、节度副使以下最重要的军事行政官员,掌管军籍符伍、号令印信。这充分表明了裴度对韩愈军事才能的欣赏和肯定。

裴度像
裴度（765～839年），字中立，河东闻喜（今山西闻喜东北）人，唐朝著名宰相，杰出的政治家

实践证明，裴度的决定是非常明智的，韩愈在出征淮西的过程中做出了不小的贡献。主要贡献有三点：

第一个贡献是说服韩弘。韩弘是当时的宣武军节度使，虽然没有明确反叛朝廷，但是依仗兵力强大，十多年不入朝，在淮西之战中表现暧昧。韩弘的态度是战局成败的关键之一。韩愈主动请命，亲自面见并说服了韩弘，使他愿意在裴度节制之下效命。

第二个贡献是在详细分析敌我局势后，提出了自己带兵奇袭吴元济老巢蔡州的计划，虽然没有马上被裴度采纳，但是表明了韩愈的勇敢、智慧和卓越的军事眼光。而且最终裴度任命李愬完成了这次奇袭，决定了战争的胜局。

第三个贡献是根据布衣柏耆的计策，建议裴度令柏耆拿着劝降信去说服王承宗。结果获得成功，王承宗归顺，献德、棣两州。

平定淮西后，量功行赏，韩愈被提拔为刑部侍郎，相当于现在的司法部副部长，拥有了一定的地位和权力。这标志着韩愈经过多年的奋斗，终于跻身国家权力中心，迎来了人生的一个顶峰。

小知识◎李愬夜袭蔡州

蔡州是淮西叛将首领吴元济的老巢。韩愈曾分析敌情，提出了奇袭蔡州的计划，并且自请领兵千人前往。裴度并没有马上批准。过了不久，李愬根据降将献计，再次提出了类似的计划。李愬当时担任唐、随、邓等地的节度使，战功赫赫，行事沉稳，素有奇谋，擅长用兵。再加上有确实的情报，所以，这次裴度批准了李愬的请求。李愬行事果敢迅速，从出发到活捉吴元济，只用了3天时间。这次奇袭成为决定战争胜局的关键。

《平淮西碑》，荣辱与共

平定淮西意义重大，推动唐朝步入了中兴阶段。因此，群臣奏请刻石记功，昭示天下。唐宪宗欣然应允，并把撰写碑文的任务交给了韩愈。韩愈不但参加了淮西之战，而且又是知名的古文大家，正是不二人选。韩愈甚感荣耀，认真地写了70多天，才终于完成《平淮西碑》。唐宪宗命令在蔡州树碑，并将抄本分赐给有功的将领，以示荣宠。韩愈文名也更加显赫。

但是，令韩愈万万没想到的是，这份荣耀很快变成了耻辱。

问题出在奇袭蔡州的将领李愬身上。他的家人和部将看到碑文后大怒，认为碑文过于突出了裴度的功勋，而没有把李愬奇袭蔡州的功勋放在首位。他们推倒石碑，上诉宪宗，闹得沸沸扬扬。

其实，韩愈的碑文并无不妥，他只是从大局着眼，突出了战争的全貌，自然对某一场战斗没有浓墨重彩地描写，即使奇袭蔡州对战局影响重大。

但是最终宪宗向武将妥协，牺牲了韩愈，下诏磨去韩愈写的碑文，命令段文昌重新撰写。这样的结局固然令人惋惜，但是在强藩割据、武将称雄、皇权式微的时期，却又显得那么必然而无奈。韩愈作为一代文宗，却因为文章受到了这样的羞辱，并且天下皆知，可以想见这

韩愈《平淮西碑》（拓片）

《平淮西碑》，又名《韩碑》，由韩愈撰文，记述了唐宪宗元和十二年（817年）宰相裴度亲督各军进击淮西，保证李愬突袭蔡州的胜利，并进而平定淮西战乱、活捉吴元济的战事

件事对韩愈的打击有多大。

至于段、韩两人碑文的优劣,则是仁者见仁,智者见智。许多著名文学家都认为韩愈的碑文更胜一筹。比如唐末李商隐说:"愿书万本诵万过",愿意千遍百遍地抄写和诵读,表达了对韩文的欣赏。宋代苏轼更是站在历史的高度赞扬韩愈:"淮西功德冠吾唐,吏部文章日月长。千载断碑人脍炙,不知世有段文昌。"说韩愈的文章可以与日月争辉,几百年后人们仍然称颂韩愈的碑文,但是段文昌是谁,却没什么人知道。

历史自然会做出最公正的回答。可惜韩愈却看不到他这篇碑文日后的辉煌,只能默默地吞下了痛苦和屈辱。

《论佛骨表》,远贬潮州

元和十四年(819年),长安发生了一件震动朝野的大事。

传说陕西法门寺有一节释迦牟尼的指骨,30年一开,开则岁丰人安。唐宪宗对此深信不疑,派使者手持香花把佛骨迎接到了长安,而且直接迎入了皇宫,供奉3天,然后又送往京城各佛寺供奉。

这就是著名的迎佛骨事件。

唐代社会政府和民间礼佛的风气很盛,宪宗的笃信进一步刺激了这种趋势。佛骨的到来,立刻在长安民众中引起崇佛高潮。为了表示虔诚,王公贵人奔走施舍,唯恐落在别人后边;普通百姓甚至有人倾家荡产,或者不惜残害身体,烧顶灼臂,以求供奉。

整个长安陷入一片崇佛的狂欢之中。

对于一个政府来说,放任这种倾向其实是非常危险的。

之所以出现这样的局面,是因为唐宪宗在平定淮西后,感到有些

法门寺真身宝塔
法门寺塔原为四层木塔,下有地宫,法门寺始建于东汉末年,在唐代极为鼎盛,被誉为"皇家寺庙"。藏有释迦牟尼佛骨,还有唐皇室施舍的大量金银珠宝、法器、锦缎衣饰等供品

飘飘然,生活越来越奢侈,并且越来越相信佛道神仙之说。文武百官看到唐宪宗如此痴狂,明知不对,却都明哲保身,选择了沉默。

这时,只有一人站出来,上书劝谏,大声疾呼,要唤醒皇帝。

这个敢冒天下之大不韪的人就是韩愈,他的谏书就是著名的《论佛骨表》。

在《论佛骨表》中,韩愈一针见血地批判了宪宗的想法:你不是认为迎奉佛骨能得长生吗?那好,我就给你举例,其实历代君王"事佛渐谨,年代尤促",越是信佛,死得越快。这样的言辞是相当激烈的,甚至朱熹说韩愈"矫激太过",说得过于夸张了。估计韩愈是想下猛药,给宪宗当头棒喝,让他醒悟。但是过犹不及,忠言逆耳,更何况是皇帝呢？

正在兴头上的宪宗，看到这篇奏疏，勃然大怒，给裴度、崔群等宰相们看，要杀韩愈的头。裴度等人跟韩愈的交情不错，赶快说情劝解，但是宪宗说：韩愈说我事佛太过，我还能包容，可他身为臣子，竟然说帝王奉佛之后，死得更快，太狂妄了，罪不可赦！

好在当时韩愈属于朝中重臣，并且名气很大，大家纷纷为他说情，即使是皇亲国戚也觉得杀头的惩罚太重。所以最后韩愈死里逃生，但是却被远贬潮州，并被要求即刻出发，不能停留。韩愈离开五六天后，他的家人也遭到牵连，被要求迁离长安，一个不留。女儿韩挐就这样疲病交加，病死在路上，年仅12岁。

唐宪宗像
唐宪宗李纯（778～821年），唐朝第十一位皇帝（除武则天以外），曾引领唐朝出现元和中兴的局面

晚年还朝，宣抚镇州

韩愈到潮州之后，忠于职守，做了不少实事。关注农桑，安定百姓生活；尊重岭南人的风俗传统，安定民心，驱除鳄鱼水患；放免奴隶，兴办学校，培养人才。因为如此，韩愈在潮州虽然仅仅为官半年，但当地人却对韩愈敬若神明。他对当地的文化影响非常深远。

元和十四年（819年），韩愈被调到袁州。因为声望很高，一年以后，韩愈被调回长安，担任朝散大夫、守国子监祭酒。穆宗继位后很器重韩愈，不到一年，又把韩愈调为兵部侍郎，使他有更多的机会参与国家大事。韩愈也确实没有辜负穆宗的期望，长庆二年（822年），奉命宣抚镇州，出色地完成了任务。

广东潮州韩文公祠主殿
韩文公祠,即韩愈纪念馆,是中国现存最早纪念韩愈的祠庙,位于广东省潮州市城东笔架山麓。韩祠主体建筑分前后二进,典雅肃穆。2006年5月25日,韩文公祠被列入全国重点文物保护单位

镇州当时的局面非常混乱。成德军都知兵马使王廷凑杀死了节度使田弘正,自己担任留后,并进一步派人杀了冀州刺史,占领冀州,还兵围深州。面对这种公然的反叛,朝廷极为震怒,派兵征讨王廷凑,但是却久久不胜。最后,朝廷竟然向王廷凑妥协,干脆任命王廷凑为节度使,所有反叛将士都既往不咎,官复原职。这充分暴露了朝廷的软弱可欺,而王廷凑则气焰更为嚣张。因此,由谁去向镇州叛军传诏,进行宣抚的工作就成了一个难题。因为,谁都不知道王廷凑的军队能否接受这次"招安",一旦翻脸,变生不测,宣抚使便会首当其冲,有性命之忧。

最后,这块烫手的山芋被交给了韩愈。

大家都对韩愈之行不看好。韩愈启程后,有大臣跟穆宗说:"韩

愈可惜了！"穆宗也感到很后悔，生怕韩愈就此死掉。于是，他马上传令韩愈到镇州后，先看看局势，要是局势不好，干脆就别进城了。韩愈却说："怎么能接受了命令却因为惜命而不执行呢？"他义无反顾地进了城，并且智勇双全、有情有理地说服了王廷凑，出色地完成了任务，给深州解了围。

韩愈回朝后，穆宗对韩愈更加赏识，打算重用韩愈。韩愈先后担任过吏部侍郎、京兆尹、御史大夫等职务。可惜当时政坛党争激烈，朝廷内部互相倾轧，韩愈虽然距离理想只有一步之遥，但是也被卷入这种内耗中，白白损失了大好的政治生命。

长庆四年（824年）正月，穆宗去世，敬宗即位。半年后，韩愈

孟州韩文公祠
韩文公祠也称孟州韩愈陵园，位于河南孟州紫金山阳坡之麓，国家级文物保护单位，是韩愈的陵墓。陵园始建于唐敬宗宝历元年（825年），距今已有1000多年的历史

被罢去吏部侍郎的职位，就此结束了仕宦生涯。又过了半年，长庆四年十二月二日，韩愈在长安家中去世，享年57岁。

小知识◎韩愈祭鳄鱼

　　韩愈到潮州担任刺史后，听说境内有条"恶溪"，其中有很多鳄鱼，吃掉了不少百姓的家畜，是当地一害。于是韩愈写了一篇《祭鳄鱼文》，亲自到恶溪边设坛祭祀，劝诫鳄鱼搬迁，韩愈说："限你们在三天之内，带同族类出海，三天太仓促，就宽限到五天；五天不够，七天也行。要是七天还不走，那就是你们的问题了，到时我可就不客气了，你们到时别后悔！"结果当天晚上，狂风暴雨，电闪雷鸣。几天后，人们惊奇地发现鳄鱼栖息之处的水干涸了，鳄鱼真的西迁了六十里。从此潮州境内永远消除了鳄鱼之患。后为纪念韩愈驱鳄将恶溪改称为韩江。这一传说有些玄妙夸张，很可能是韩愈派人清除了鳄患，却被时人附会。这种神话般的传说更多的是表达了百姓对韩愈的感激和敬佩。

2. 传承与交游

叔父兄长，人生楷模

韩愈生活的时代虽然士庶之间不再那么泾渭分明，但是仍然看重门第和家世。让自己拥有一个显赫的家世，是当时流行的社会风气。韩愈在这方面也没能免俗。他声称自己的家族出自春秋时韩、赵、魏三家分晋的韩氏，是汉代韩信的后裔，世系十分悠远显赫。但是很多研究者对此存疑，不过因为年代太过久远，很难找到证据证明是或者不是。

但是从韩愈七世祖之后的历史是比较肯定的，韩愈自己在谈到祖辈时，也大多从这时开始。七世祖韩茂在北魏因为军功步步高升，历任尚书左仆射、征南将军、尚书令等，死后赠安定王，谥为桓王。祖父韩睿素曾经担任桂州长史，职掌行政和军事大权。但是随后家族逐渐没落。父亲韩仲卿只担任过一些县令的职务，最后的职位是秘书省的秘书郎。

韩信像
韩信（约前231～前196年），淮阴（今江苏淮安）人，西汉开国功臣，杰出的军事家，曾先后被封为齐王、楚王，后贬为淮阴侯。后遭到刘邦的疑忌而被处死

因为父亲在他3岁时就去世了，所以家族中对韩愈产生最深刻影响的，还是他的叔父韩云卿和长兄韩会。

韩云卿曾担任殿中侍御史，还曾抵抗胡兵，立下保护昭陵的大功，最后职位是礼部郎中。他为人英勇有气节，文章写得出类拔萃，人品出众，在当时很有声望，跟李白交情不浅。韩愈对这位叔父非常崇拜，将他视为自己人生的楷模。

韩会博学多才，为人很有抱负，在当时小有名气。韩愈7岁那年，韩会被提拔进京做了起居舍人，这是六品官，负责随侍皇帝，记录皇帝每天的言行。虽然职位不高，却是皇帝的近臣，也是官员升迁的重要过渡。可惜，后来韩会卷入政治斗争中被贬，忧愤交加，死在韶州刺史任上。

叔父和哥哥的人品、学问和才干，都使韩愈非常钦佩；他们的言传身教，也使韩愈受益匪浅。

小知识◎韩云卿的名望

当时社会上有才学、有地位的名人们都有一种业余工作，就是给人们撰写墓志铭。人们希望请名人撰写墓志铭，从而使死者生前的功绩得到肯定，并且流芳千古。被邀请的次数越多，说明越有名气。

据说韩云卿在世时，人们只要遇到这类的事，基本上都找韩云卿，虽然说得有点夸张，但也反映了韩云卿在当时的声望。

云龙相逐，韩孟相从

孟郊，字东野，湖州武康（今浙江德清）人。他是韩愈的莫逆之交，擅长创作五言诗，诗风托兴深微，结体古奥，跟韩愈一同开创了韩孟诗派，在当时并称"孟诗""韩笔"。韩愈对孟郊非常推崇，常常把他跟陈子昂、李白、杜甫等人相提并论，对他的诗歌大加赞赏。

贞元七年（791年），年已40的孟郊，到长安参加进士考试，与韩愈结识。两人一见如故，结为忘年交。贞元九年（793年），孟郊进士考试再次落第，因为家境贫寒，无钱赡养老母，韩愈为朋友谋求出路，曾向节度使张建封推荐孟郊。直到贞元十二年（796年），孟郊才中进士，这时已经46岁了。

中进士后，孟郊没有马上做官，而是又回家照顾了母亲4年。直到贞元十六年（800年），孟郊才跟韩愈一起在长安参加官员铨选。最终，韩愈落选，孟郊也只得到了溧阳尉这样的小官，并不满意。韩愈写了《送孟东野序》，为朋友送别。孟郊的官做得并不开心，离开时仍然是两袖清风。

两年之后，经韩愈推荐，孟郊在洛阳担任水陆转运从事；韩愈因为躲避谗言，也请求到洛阳为官，两人再次相聚，意气相投。元和三年（808年），孟郊的3个儿子先后死去，对他的打击很大。韩愈非常同情和担心，想尽各种办法安慰好友。一年后，孟郊的母亲也去世了。为母亲服丧后，大概有四五年的时间，孟郊都没能得到一官半职，

孟郊像

孟郊（751～814年），祖籍平昌（今山东临邑东北）。他屡试不第，直至46岁才中进士，一生穷困潦倒，不苟同流俗。韩愈对孟郊的文才、为人非常推崇。孟郊和贾岛都以苦吟著称，又多苦语，苏轼称之为"郊寒岛瘦"，为苦吟诗人的代表

总是处在穷困潦倒之中。

元和九年（814年），孟郊的生活刚刚有了转机，被任命为节度使参谋，却突然一夜之间暴卒，死在河南阌乡（今属河南灵宝），身后凄凉。韩愈非常悲痛，集资为孟郊办理丧事，还为他的家人置办产业，安顿好孟郊遗孀的生活。

小知识◎韩愈《醉留东野》

> 昔年因读李白杜甫诗，长恨二人不相从。
> 吾与东野生并世，如何复蹑二子踪？
> 东野不得官，白首夸龙钟。
> 韩子稍奸黠，自惭青蒿倚长松。
> 低头拜东野，愿得终始如駏蛩。
> 东野不回头，有如寸筳撞巨钟。
> 我愿身为云，东野变为龙。

四方上下逐东野，虽有离别无由逢。

　　此诗是贞元十四年（798年）韩愈在汴州送别孟郊时写的，开头写自己以前常替李白跟杜甫感到遗憾，觉得两人没有那么多机会朝夕相处，而如今自己跟孟郊不能再重蹈李杜的覆辙。孟郊人品出众，却还没有得到一官半职，自己跟孟郊比差得太远了。希望就像风逐虎，云逐龙那样，能够跟孟郊永远相伴，不再离别。整首诗简洁爽朗，非常真诚地赞美了朋友孟郊，表现了两个人之间深厚的友谊。

以文会友，定交刘柳

　　韩愈跟柳宗元、刘禹锡的关系非常复杂。他在长安参加科举考试时跟柳宗元、刘禹锡相识，三人彼此欣赏。贞元十九年（803年），韩愈担任监察御史，正好刘禹锡和柳宗元也同时在那儿工作，三人聚到了一起，常在一起谈古论今，关系很好。但是，他们的政治立场却截然不同。柳宗元、刘禹锡比较激进，参加了王叔文集团；而韩愈却受儒家传统思想影响，政治上比较保守，对王叔文等人嗤之以鼻。这为他们以后的关系埋下了隐患。

　　后来韩愈因为上书被远贬阳山，他把自己的遭遇归结到了王叔文集团头上，并且开始怀疑柳宗元和刘禹锡。他写诗归纳遭贬原因说"同官尽才俊，偏善刘与柳；或虑言语泄，传之落寇仇"，直言不讳自己怀疑柳宗元和刘禹锡向王叔文等人告了密。不过，因为没有真凭实据，他随即又说"二子不宜尔，将疑断还不"，否定了自己前边的猜测。但是不管怎样，这颗疑心的种子是种下了。

　　后来，他们彼此之间也有书信往来，就某些文学、历史问题展开

荔子碑

荔子碑位于湖南永州柳子庙正殿后墙上,因碑文首句"荔子丹兮蕉黄"而得名。清代永州知府延桂摹刻。荔子碑又称"三绝碑",因为碑文为韩愈所撰,苏轼书写,内容颂扬柳宗元的事迹,故称三绝碑。湖南省重点保护文物

过热烈的讨论;韩愈和刘禹锡还曾在宴会上见过面,似乎是前嫌尽释,但是韩愈心里的那道裂痕却终究难以抹去。

元和十四年(819年),柳宗元病逝在柳州。死前曾分别给韩愈和刘禹锡写信,托付后事。韩愈听到消息,非常悲痛,先后写了三篇碑辞祭文,赞扬了柳宗元的人品,肯定了他的文学成就。这三篇文章因为情真意切,成为了千古流传的佳作。

亦师亦友,志同道合

韩孟诗派包括张籍、张彻、李翱、皇甫湜、樊宗师等人。其中跟韩愈关系最密切的是张籍和李翱,张籍以诗闻名,李翱以古文闻名。

张籍，字文昌，苏州（今属江苏）人。擅长古体诗，清丽深婉，思深语精，得到了白居易、姚合等人的赞誉。他先结识了孟郊，孟郊很欣赏他，就推荐给了韩愈。贞元十四年（798年），张籍从和州到汴州拜访韩愈，两人相见恨晚。同年，韩愈主持汴州乡试，张籍参加并顺利通过。随后，他以"首荐"的资格，继续去长安参加进士考试，也顺利地通过，登进士第。张籍科考如此顺利，与韩愈的选拔、推荐有很大关系。因此，张籍终身感激韩愈。

元和初，张籍任太常寺太祝，官职低微，一做就是10年，后来才改官秘书郎。韩愈担任国子监祭酒后，大力推荐张籍，他才得以担任了国子博士。张籍常在韩愈家居住，两人赋诗谈天，游玩赏月，关系非常融洽。韩愈逝世前半年左右，张籍一直陪伴在韩愈左右，并在他逝世后写了长诗《祭退之》，悲痛万分。

李翱，字习之，陇西成纪（今甘肃静宁西南）人，是中唐著名的古文家，很受明清时代文学家的推崇，被列为"唐四家"和"新唐宋八大家"。他出身陇西李氏，门第显赫，但是到他这一代，却早已家境衰落。他成名很早，科场却不顺利，连考四五次才考中进士。他为官40多年，仕途比较顺利，一生没有很大的起伏，最高曾担任桂州刺史和侍郎，晚年担任山南东道节度使，死在任上。

贞元十二年（796年）左右，李翱在汴州师从韩愈学习古文，渐成大家，是韩门弟子中古文成就最高的人。李翱也反对佛老，提倡儒教，跟韩愈志同道合，韩愈对他评价很高。韩愈去世后，他亲笔为韩愈撰写了行状和祭文。

相从平戎，相知相惜

裴度，字中立，河东闻喜（今属山西）人，贞元五年（789年）进士及第。贞元八年（792年），韩愈曾跟裴度一起参加过博学鸿词科的考试，吏部初选之后，两人都被铨定，但是复审时韩愈却被中书驳落。裴度起初并不认可韩愈的文风和为人，两人交往也不密切。后来，韩愈分司东都，裴度也因为上书触怒了权贵，被贬为河南府的功曹，两人境遇相似，又是旧识，这才日渐熟稔。

两人回朝后，元和十二年（817年），裴度以宰相的身份奉命率军征战淮西，奏请韩愈以右庶子兼御史中丞，充彰义行军司马，随大军出征。行军司马是军事要职，裴度之所以交给韩愈，是因为他对韩愈的了解和信任，也是因为韩愈在对淮西用兵的事情上，始终跟他志同道合，坚定地支持着他。

在出征淮西途中，韩愈没有辜负裴度的信任，发挥了自己的才干，为战争胜利做出了不小的贡献，两人关系更加默契。更重要的是，经过出征淮西，韩愈迎来了自己人生的辉煌，被任命为刑部侍郎，进入了国家权力中心。这其中，裴度功不可没。

尽管两人功劳卓著，但是裴度却在朝廷饱受排挤，长期担任外任；韩愈也因为上《论佛骨表》，被远贬潮州。在皇帝震怒差点杀了韩愈时，裴度还曾经替韩愈求过情。

后来镇州作乱，裴度奉命平乱，却因为种种原因，久战无功，朝廷只好命令韩愈奉诏宣抚镇州。两人再次见面，百感交集，后又匆匆分离。

小知识◎长安暗杀事件

元和十年（815年），长安发生了一起暗杀事件，朝野内外轰动一时。因为被暗杀的对象是当朝宰相武元衡以及御史中丞裴度，暗杀者是平卢军节度使李师道。

暗杀结果，武元衡死，裴度受伤，整个京城人心惶惶。

这起暗杀是有背景的。元和九年（814年），彰义节度使去世，但是他的儿子吴元济却隐瞒不报，自己独掌大权，并且四处烧杀抢掠，民不聊生。朝廷决心征讨。但是当时的成德军和平卢军节度使却多方阻挠，朝廷大臣也分为主战和主和两派，战争局面不太明朗。

就在这时，平卢军节度使李师道策划了这起暗杀，希望能够对朝廷起到威慑作用，打击主战派，动摇唐宪宗的决心。但是他打错了算盘，这起暗杀反而坚定了唐宪宗和很多大臣主战的决心，可谓搬起石头砸了自己的脚。

二 学术思想和造诣

韩愈在儒学发展史上贡献重大，他创建了"道统"理念；在佛教和道教发展鼎盛，而儒学衰微的情况下，身体力行，弘扬儒道。在哲学方面，他思考天人关系，质疑天命，提出了性情三品论。在政治方面，出于社会稳定发展的考虑，他比较赞成世袭，同时又一再强调选拔人才的重要性；他诋毁革新派，却也赞扬了革新中的一些善政。在经济方面，他认为士、农、工、商应各司其职，关心民生疾苦。在教育方面，韩愈大力提倡师道，打破了当时迂腐的师道观念。在文学方面，韩愈是"唐宋八大家"之首，发起了"古文运动"，提出了"文以明道""不平则鸣"等文学理论，也创作出了很多不朽的作品。韩愈的很多思想主张对后世影响极为深远，成为了"宋学"的发端。

1. 儒学成就

承前启后，转旧为新

只要讲到儒学，必然要提到韩愈，因为他是儒学史上承前启后的关键人物，为儒学的发展做出了重大贡献。

著名的历史学家陈寅恪说："唐代之史可分前后两期：前期结束南北朝相承之旧局面，后期开启赵宋以降之新局面，关于政治社会经济者如此，关于文化学术者亦莫不如此。退之者，唐代文化学术史上承先启后转旧为新关捩点之人物也。"

这种观点在学术界获得了比较广泛的认可，这里所说的"退之"，就是韩愈。唐代可以分为两个时期，前期主要是继承南北朝的文化成果，后期却成为了宋代文化的开端，包括学术、政治、经济等各个方面。转折时期意义重大，从拿来变成给予并不容易，因为要想给予，必须先创新，创造自己独特的文化，才能传承后世。而处在这个转折关键点的关键人物，就是韩愈。

1940 年的陈寅恪
陈寅恪（1890～1969 年），江西义宁（今修水县）人，近代著名历史学家、古典文学研究家、语言学家

韩愈是创建儒家道统观念的领军人物。他大力提倡、整理并且重建了儒学道统，影响巨大，不但扭转了唐代的社会风气，也深刻地影响了从宋代直到明清的儒学发展，宋代理学就发扬了韩愈提出的道统观念。

韩愈还是当时弘扬儒教的领军人物，他看到儒学衰微的局面，大声疾呼，身体力行。特别是在佛道两教兴盛，崇信佛、道成为社会风潮时，他给整个社会敲响了警钟，维护了儒学道统的传播和延续。

建立道统，祖述先贤

唐代佛教和道教盛行，社会上流行着谈"道"说理的风气，这种"道"主要指佛理和道教的思想，而儒家传承却显得比较衰微。

佛道思想一般都有明确的思想传承体系，常常上溯到千百年前，显得高深莫测，非常玄妙。而儒家思想从孔孟建立之后，虽然从汉代开始，成为官方统治哲学，但是却始终没有建立起完整的儒家道统，传承的脉络不清,不利于跟佛道思想抗衡。

因此,韩愈认为,发扬儒教,必须先建立道统。

于是,韩愈精心构建了一个儒学传承体系。

韩愈这样做,是学习了佛道的理论架构,以子之矛,攻子之盾。更重要的原因是,中华民族一直有这样的传统,即非常看重历史和传承。采用这样的办法更容易被人理解和接受。

那么,道统的源头在哪里呢?其实,孟子曾经谈到过孔子之前儒教思想的传承,列出了一个从传说中的远古圣王尧、舜、禹、汤、周文王到孔子的序列。这可以看作是儒家道统的雏形。

韩愈继承发扬了孟子的思想,正式把尧、舜、禹定为儒学思想的开端。韩愈说当初尧把儒道传给了舜,舜又传给了禹,禹传给商汤,商汤传给周文王、周武王和周公,他们再传给孔子,孔子又传给了孟轲。

韩愈认为,在孟子之后,儒学思想没有很好地传承下去。虽然荀子、扬雄等人在当时也很有名气,是儒学大家,但是他们没有很好地发挥儒家义理中的精华,没有完成传承的重任。

孟子像
孟子(约前372～前289年),名轲,字子舆,战国时期邹国(今山东邹城东南)人,著名思想家、教育家,著有《孟子》一书。孟子被称为"亚圣",与孔子合称"孔孟"

后世都认为韩愈这种为儒学寻根溯源的办法很好，对儒学发展意义重大。后世虽然在形式上没有接受韩愈的道统学说，但是实质上却借鉴了韩愈的做法，为儒学建立了一个更庞大、更严谨的传承体系。

当仁不让，集大成者

韩愈以孟子的传人自居，把自己当成儒家道统的继承者。

韩愈一生推崇儒家学说，从7岁就开始学习孔孟之道，虽然遍读百家，但是最喜欢、最欣赏的还是儒家理论著作，并以此为标准修身处世，希望能够光大儒学，经世济民。

当时社会上儒学衰微，佛老盛行，他看在眼里，急在心上。多次表示要"障百川而东之，回狂澜于既倒"，要力挽狂澜，还自信地说："天不欲使兹人有知乎，则吾之命不可期；如使兹人有知乎，非我其谁哉！"上天要是想让儒学深入人心，除了我，谁能做到呢？韩愈认为重振儒教是自己的历史使命。"使其道由愈而粗传，虽灭死万万无恨！"要是儒道能因为我而传承下去，我就是死万万次都心甘情愿。

韩愈写了《原道》《原性》等很多文章，阐述儒家学说；整理、注释了不少儒家经典，比如《仪礼》；还曾经跟李翱就《论语》展开笔谈，不断扩大儒家思想的影响。当唐宪宗支持迎奉佛骨的活动时，韩愈冒着触怒皇帝的危险，毅然上书，劝谏皇帝，给当时狂热迷恋佛教的社会注入了一剂猛药。

韩愈一生始终致力于奉行、推行儒道，但是却屡遭坎坷，命运多舛，他乐观地用大儒孟子和荀子的经历来激励自己，"昔者孟轲好辩，孔道以明，辙环天下，卒老于行；荀卿守正，大论是弘，逃谗于楚，废死兰陵。是二儒者，吐辞为经，举足为法，绝类离伦，优入圣域，

荀子像

荀子（约前313～前238年），名况，字卿，战国末期赵国猗氏（今山西安泽）人，著名思想家、文学家、政治家，儒家代表人物之一

其遇于世何如也"，孟子和荀子这两位儒家先贤，为发扬儒教做出了卓越贡献，但是他们最后也都穷困潦倒，没有在当时得到应有的理解和尊重。他们尚且如此，自己又有什么可抱怨呢？

正是在这种精神的激励下，韩愈终于成为一代儒学的集大成者。

小知识◎韩愈《论佛骨表》

唐宪宗在平定淮西后，越来越崇信佛道神仙之说。元和十四年（819年），他派使者手持香花把陕西法门寺的佛骨直接迎入了皇宫，供奉三天，然后又送往京城各佛寺供奉，在长安民众中引起崇佛高潮。文武百官看到唐宪宗如此痴狂，明知不对，却都明哲保身，选择了沉默。

韩愈却冒天下之大不韪，上谏了《论佛骨表》，批判了宪宗想借此长生的想法。韩愈举例说历代君王越是信佛，死得越快，要求唐宪宗烧毁佛骨，放弃佞佛。结果唐宪宗勃然大怒，差点杀了韩愈，最后在大臣求情之下，把韩愈流放到了当时非常偏远的广东潮州。《论佛骨表》也因此成为了流传千载的名作。

规范伦常，仁义道德

韩愈生活的时代，藩镇肆虐，宦官当权，社会并不稳定，百姓的生活也不太平。韩愈自己就有两次险些在藩镇动乱中丧生。

这种情况跟春秋末年有些相似。春秋时各诸侯国自恃武力，不把周王室放在眼中，社会动荡不安，礼崩乐坏。孔子因此提出了儒家学说，希望用仁义礼教治理天下。韩愈认为儒家思想正是解决中唐社会问题的良药，而重中之重就是要大力倡导仁义道德。

他说古代治理天下遵循诚意、正心、修身、齐家、治国、平天下的策略，伦理道德是一切的基础。但是在佛道思想的影响下，人们的这种观念却越来越淡薄。佛教提倡"空""无"，道家提倡"无为"，"必弃而君臣，去而父子，禁而相生养之道，以求其所谓清净寂灭者"，佛道要求人们灭人欲，抛弃一切伦理关系，才能修成正果；"子焉而不父其父，臣焉而不君其君，民焉而不事其事"，根据佛教思想，儿子不把父亲当父亲，臣民不把皇帝当皇帝，佛徒接受施舍供奉却不自食其力，为社会做贡献。韩愈认为这种做法破坏了社会的伦理、政治和经济秩序，危害了社会的稳定和发展，这也是他强烈反对佛道的主要原因之一。

而儒家的仁义道德有什么好处呢？遵循它来做事，就会顺利祥和；遵循它来待人，就会博爱而公正；遵循它来养心，就会心平气和；遵循它来治理国家，就会措施得当，井井有条。因此，必须反对佛老，大力提倡仁义道德。

反对佛老，一针见血

究竟韩愈为什么要铁了心反对佛老呢？

因为韩愈是从国家和社会的角度来看待佛老的。他认为佛老学说对社会危害很大。一方面危害了伦理道德，这在前面已经谈到过，另一方面也危害了社会经济秩序。韩愈认为僧侣道众自己不工作，却要社会供养他们，是典型的不劳而获，浪费了国家大量的财力、物力。

按照古代传统，百姓根据职业可以分成四大类：士、农、工、商，也就是读书人、农民、工人和商人。韩愈算了一笔账，以前社会上只有这四类百姓，但是现在多了佛教徒和道教徒，变成了六类；以前只有儒教，现在多了佛教和道教。因此，百姓的负担加重了，农民只有一家，却要种地养活六类人；工人只有一家，却要生产六类人的物品；商人只有一家，却要准备卖给六类人的东西。负担比以前增加了一半，百姓怎么能不穷困呢？社会怎么能不动荡呢？

韩愈为了反对佛老，说得有些偏颇，因为当时社会上一系列问题的产生并不能完全归罪到佛老头上。但是其中有一部分内容是正确的，就是供养佛老确实给社会造成了一定负担，产生了一些问题。当时大的寺院不用纳税，僧侣不用服役，寺院拥有大量土地和租民，实际上已经形成了一个庞大的僧侣地主阶层。平均十几户百姓就得养一个僧侣，百姓的负担确实挺重。而且，他们的势力越来越大，唐文宗时曾想废除佛教，但是却没有成功。《旧唐书》说"十分天下之财而佛有七八"，天下财产有十份的话，佛徒就占用七八份；《新唐书》说"丁皆出家，兵悉入道"，当时百姓出家为和尚或做道士的特别多。可见，韩愈的看法并不完全是危言耸听，在一定程度上是合乎事实的。

韩愈的观点抓住了佛道不劳而获的弱点，一针见血，在社会上引起了强烈反响，使人们从社会经济角度重新审视佛道两教。后来唐武宗深受这种看法影响，继位之后，下诏灭佛。韩愈的反佛兴儒，都是从国家稳定兴盛角度出发的，他认为只有这样，才能实现唐王朝中兴的梦想。

小知识◎唐武宗灭佛

唐武宗信奉道教，而不喜欢佛教。会昌年间因为战争，朝廷物资和人力短缺，而当时的寺院手中掌握着大量的财富和人力，因此唐武宗决心采取灭佛行动。会昌五年（845年），唐武宗命令除了长安和洛阳可以分别保留两所寺院，每寺留僧人各30人以外，其他各郡只能分别保留一个寺院，根据上中下三等，留僧人5～20人不等。其他寺院全部要限期拆毁。这次灭佛运动拆掉寺院4600多所，被迫还俗的僧尼有26万多人，没收寺院田产数千万顷。政府从废佛运动中得到了大量财物、土地和人力。佛教遭到了严重打击。佛教徒把这次灭佛称为"会昌法难"。不过，第二年武宗就死了，唐宣宗继位后，再次下令复兴佛教。

力挽狂澜,身体力行

在唐代,因为皇帝姓"李",道教推崇的"三清"之一老子李聃也姓李,所以唐朝的帝王们就声称自己是老子的后代,借助神权,抬高自己的地位。因此,唐朝把道教奉为国教。唐高宗追封老子为太上玄元皇帝,唐玄宗亲自为老子的《道德经》作注释。

佛教在唐朝也很盛行,唐太宗曾亲自写了《大唐三藏圣教序》,宣扬佛法。之后的唐高宗、中宗、睿宗等都很信佛。武则天更是崇信佛教。唐肃宗、唐代宗都在宫中设立了道场,供养几百个和尚在其中念经。因为帝王倡导,上行下效,佛、道两教在唐朝非常流行,比如禅宗在士大夫中很有影响力,而普通百姓中很多人都修行净土法门。

正是在佛、道两教这样如日中天的时候,韩愈却跟包括皇帝在内的天下人唱反调,非要反对佛老。他不但大声疾呼,还身体力行。

他在洛阳分判祠部事务时,主要管理寺观僧道,重点整顿僧尼道士的入籍。他甚至把上级已经批准剃度的僧尼,又都勒令还俗,并且诛杀了一批僧尼中的不法之徒,在当时引起了轩然大波。

当唐宪宗沉迷于佛教,在皇宫内供奉佛骨时,韩愈毅然上书,指出佞佛的弊端,要求烧毁佛骨,重振社会风气。

他的做法在当时不太被人接受和理解,

老子像

元代赵孟𫖯绘。风格古雅,运笔以圆润为主,藏秀逸于单纯之中,有大家风范。老子在唐代被唐皇武后封为太上老君,在道教中被尊为道祖

也因此受到很多打击,但是这些努力的影响却在后世逐渐显现出来。

自宋代开始,儒家思想日益发展壮大,有了足够的实力和佛、道思想抗衡。这其中韩愈的倡导功不可没。所以苏轼说韩愈"道济天下之溺",拯救了当时在佛老思想影响下日趋衰微的儒学,对儒学发展影响深远。

吸取佛道,交往僧侣

韩愈并不是盲目地排佛,他通读了大量佛道典籍,对佛道学说非常熟悉,因此,他抨击佛道学说时才能准确地击中命门;他还汲取了佛道思想中的精华部分,充实完善了儒家理论。

司马光说韩愈"于书无所不观,盖尝遍观佛书,取其精粹而排其糟粕耳",说韩愈什么书都看,通过读佛书,去粗取精,吸取其中的精华;史学家陈寅恪先生认为"禅宗于退之之影响亦大矣哉",认为禅宗对韩愈的思想产生了很大的影响。

司马光像

司马光(1019～1086年),初字公实,后字君实,号迂夫,晚号迂叟,北宋政治家、文学家、史学家。生于河南省光山县,原籍陕州夏县(今属山西夏县)涑水乡,世称涑水先生。司马光历仕仁宗、英宗、神宗、哲宗四朝,卒赠太师、温国公,谥文正

韩愈还跟当时有名的僧人交往，仅在韩愈的诗文中，就出现了十多个僧侣的名字。韩愈一方面通过跟他们的交往了解了不少佛学禅理，另一方面韩愈试图劝说一些佛教徒还俗，信奉儒道。韩愈觉得这些人都很有能力，比如澄观有吏才、文畅喜欢文章、颖师擅长弹琴、廖师能识人、高闲擅长书法，埋没在寺院中很可惜，而且他们本身人品也不错，韩愈希望他们能够抛弃原来的佛教信仰，成为一代名士或者儒者。在跟这些僧侣的交流中，韩愈也逐渐对儒、释、道三教思想有所贯通。

正因为如此，有人认为韩愈在上谏《论佛骨表》受挫后，开始向佛教妥协。其实这是对韩愈的误解。韩愈跟佛教徒的交往，主要还是着眼于他们的人品和修养，而不是礼佛求道。比如韩愈到潮州后，因为当地人文环境比较落后，在心灵上非常孤独，当时有个大颠禅师，为人聪敏，比较有修养，韩愈跟他比较聊得来，因此不时互相拜访，互通书信，交往比较密切。但是这种交往并不意味着韩愈要修习佛道，他在给朋友的信中说，自己只是欣赏大颠的为人，结交朋友罢了，根本不是崇信佛法的缘故。

小知识◎大颠禅师

大颠是唐代著名高僧，俗名陈宝通。唐开元二十年（732年）出生于今广东省汕头市潮阳区。祖籍河南省颍川。唐长庆四年（824年）圆寂，终年93岁。他自幼聪颖，热衷佛学，是唐代佛教曹溪派系的一代高僧，师从石头希迁和尚。唐德宗贞元元年（785年），大颠到龙川瀑布岩寺任住持僧。贞元六年，大颠在潮阳创建白牛岩寺（今潮阳东岩卓锡寺）。

大颠禅师像

贞元七年他开始创建灵山寺，是潮州第二大寺院，唐穆宗后来赐额灵山寺为"护国禅寺"。他的传法弟子有千余人，一直致力于弘扬讲授佛法，他的讲义被整理成书，传到现代的有《般若波罗蜜多心经释义》《金刚经释义》等。

阴差阳错，未入道统

韩愈虽然一生倡导儒教，创建弘扬道统，对儒学发展贡献很大，但是却没有被列入儒家道统传承。

这不能不说是历史开的玩笑。

因为宋明理学家们虽然受到了韩愈道统思想的影响，但是却不买韩愈的账。他们认为韩愈不是真正的儒学家，不认可韩愈的道统学说，从不承认跟韩愈在思想上的渊源关系，还把韩愈踢出了儒家道统传承的序列。

是过河拆桥吗？

其实，主要是宋明理学家跟韩愈对很多问题的理解不一样。虽然他们都推崇儒学，但是仁者见仁、智者见智。宋明理学家评判问题的标准比韩愈更严苛，也比韩愈更深入，相比之下，韩愈的学说显得比较粗糙和简陋。

另外，韩愈排斥佛教，但是宋代的佛教和儒教已经逐渐实现了融合，欧阳修、苏轼等著名文人都信奉佛教，他排佛的主张在宋代并没有得到广泛的赞同。而且，在历史流传过程中，很多人认为韩愈跟大颠禅师交往密切，在诗文当中也使用了一些佛教典故，因此认为韩愈亲佛，不是个纯粹的儒学家。

还有，自宋代开始，对道德品行的要求越来越严苛，但是韩愈的为人处世却有不少让人非议之处，比如在他教导儿子的诗中有"炫富"的嫌疑，他还曾干谒讨好权贵，在被贬谪后跟皇帝哀告乞怜，等等。这些都被认为是违背圣贤教诲，儒学修养不够的表现。因此宋明理学家认为韩愈没有资格进入儒家道统，成为万世楷模。

2. 哲学思想

怨天尤人，质疑命运

天人关系是古代思想界常讨论的一个重要的话题。到底上天有没有意识，只是一种自然存在，还是像人类一样充满爱憎？到底人类的命运、社会的发展跟上天有没有关系？这些都是让人们感到困惑的问题。

韩愈也曾多次谈到"天"，谈到天命。

从现存的资料看，韩愈对天人关系的看法并不确定，也没有形成系统的理论，甚至有时是充满了矛盾的。他一方面认为天没有意识，认为物质在上边的叫"天"，在下面的叫"地"，处在中间的就是"人"；日月星辰等这些在上的物质构成了天。所谓"天"只是一种自然存在。另一方面他又相信上天有意志。这是继承了儒家思想，孔子、孟子都曾多次提到上天能主宰人的命运。

之所以会产生这种矛盾的情况，跟韩愈对"天"关注的角度有很大关系。韩愈一生坎坷，几次沉浮。他的朋友孟郊、柳宗元等人也是命运多舛。当种种灾难、不如意到来的时候，个人的力量显得是那么的渺小。即使自身不断地努力，仍然不能得到理想的结果。

种种现象促使韩愈不断思索，到底是什么造成了这些人间悲剧？

一切只能归之于天。

韩愈年轻时认为"得失固有天命"，但是，他才华横溢，却考了四次才考中进士，随后三次参加官员考试却一无所获，穷困潦倒。他对天命产生了怀疑，对上天充满了不解和怨恨，说："不知道天意到底是怎样的，人的命运是应该由自己掌握，还是应该等待上天垂怜呢？"

他还说，人们常认为上天扬善罚恶，但是事实表明并非如此，反而是"残民者昌，佑民者殃"，残害百姓的人富贵延年，造福百姓的人却厄运连连。谁说君子有好报，小人遭恶报呢，根本不是这样。

韩愈说，自己从懂事以来，见到贤人总是命运坎坷，小人们的官却越做越大；贤人穷困潦倒，快要活不下去了，但是小人们却心想事成，荣华富贵；贤人即使得到个小官，也很快就会不幸去世，但是小人们却能长命百岁。不知道上天是怎么想的，恐怕上天的好恶跟人心正好相反吧！因此，韩愈在谈到"天"时常常充满了讽刺和愤怒。其实，韩愈说的不是"天"，而是不公正的社会现实。

性情三品，反对灭情

韩愈发扬了儒家的心性理论，针对佛老学说，提出了"性情三品论"。

当时社会上流行谈论人的性情，佛教认为人人都有佛性，而且，只要领悟佛法,都可以成佛。而"情"对佛家来说则意味着无穷的烦恼,佛家认为灭情见性,割断世间一切亲情、爱情等,才能露出被迷失的本性,见性成佛。

韩愈继承发扬了汉代儒学家董仲舒的观点,认为人性是与生俱来的,并且生来就有上、中、下三等。上等人性天生就是善的,具有仁、礼、信、义、智五种美德;中等人性五种美德有欠缺,但是可以教育,可善可恶,教育好了就向善,教育不好就向恶;下等人性天生就是恶的,五种美德都不具备,根本无法改变。韩愈认为人情是后天逐渐形成的,人情也可分成上、中、下三等,有喜、怒、哀、乐、爱、恶、欲七情。上等七情俱备,并且控制得很好;中等对于七情控制得不太好,有的多,有的少,但是却尽力控制自己;而下等却对"情"丝毫不加控制,或者完全没有,或者过多,任性而为。情和性的等级是相对应的。

韩愈把人性和人情放在一起分析,认为只有拥有仁、义、礼、智、信等五种美德,并且有正常的七情六欲,才能达到人生的完满。他的这种观点是针对佛老学说的,因为佛老学说主张"灭情见性",认为割舍人的七情六欲才能成佛得道,韩愈认为那样是违背人的本性的。

董仲舒像
董仲舒(前179~前104年),西汉思想家、哲学家。他把儒家的伦理思想概括为"三纲五常",并且提出了"大一统""天人感应"等理论。汉武帝采纳了董仲舒的学说,罢黜百家,独尊儒术,从此儒学开始成为官方哲学

小知识◎对"性情"的理解

  儒家经典对性情有不同的理解。孔子认为"性相近也，习相远也"，人性起初都是相似的，只是受后天影响才变得不同。孟子提倡"性善论"，认为人天生都有四心：恻隐之心、羞恶之心、辞让之心、是非之心，这是仁、义、礼、智四种美德的根源。荀子提倡"性恶说"。扬雄则认为人性善恶相混。韩愈觉得这些看法都比较片面。

3. 政治思想

肯定世袭,任人唯贤

在政治上,韩愈赞成世袭制度。其实,韩愈最推崇有才者居之的禅让制,但是既然不可能实现,那么,他认为只有世袭制才能保持社会稳定。是韩愈保守落后吗?要正确评价韩愈的观点,必须联系当时的社会现实。当时藩镇虎视眈眈,朝中重臣、宦官集团都蠢蠢欲动,皇权显得极不稳定。为了维护政局稳定,必须巩固皇权,如果规定了世袭制度,那么,其他各种势力在舆论上就居于下风,不敢贸然行动。而禅让制则很容易给强权可乘之机,表面上叫禅让,其实是夺权。韩愈的观点在当时的社会还是有合理性和积极意义的。后世有些史学家也认为,中国之所以能够保持几千年相对稳定的大一统局面,主要是因为采取了封建世袭制。

不过,在选拔人才的问题上,韩愈主张选贤与能。他一生坎坷,仕途不顺利,亲身经历了社会上人才晋身的种种恶劣现象,深切认识到人才选拔机制的重要性。

韩愈认为培养和选拔人才是国家发展的基础,如果任用不当,就会出现严重后果,比如藩镇割据就是因为对藩镇将领任用不当,结果给国家带来了无休的纷争。因此,国家应该遵循"人尽其才"的选拔标准,根据才能选授官吏。当权者要善于发现人才,不能埋没人才。韩愈用千里马和伯乐做了一个比喻,说现实生活中不是没有千里马,而是缺乏伯乐,当权者只让千里马享受普通马的待遇,从事普通马匹的工作,反而还哀叹世上没有千里马,其实是千里马就在眼前而不自知。

赞扬善政,诋毁革新

永贞革新失败后,韩愈写了一些关于永贞革新的诗歌,并且在10年后奉命编写了《顺宗实录》,涉及到对永贞革新的描述和评价。从这些诗文著作中,可以了解韩愈对革新的评价。

不过,韩愈撰写《顺宗实录》时的形势很微妙。韩愈要写永贞革新,就必然要写到宪宗、宦官集团、王叔文集团等。但是当时宪宗在位,宦官集团正得势。宪宗自己就是通过篡位才当上皇帝的,父亲顺宗还没死,就被他逼着禅了位;他对反对自己当皇帝的王叔文等人深恶痛绝,宦官集团也对当初打算推翻自己的王叔文集团恨得牙痒。在这样的形势下,这个所谓的"实录"怎么写呢?太难了。

果然,韩愈写完后,宪宗并不满意,说有错误。韩愈只得再次修改。

在这种情况下写出来的东西,能在多大程度上反映史实,能在多大程度上反映韩愈的真实思想,其实是应该打个问号的。

韩愈在《顺宗实录》中把王叔文等革新派人物当作"奸佞"进行

批判，特别是一些事件并没有确凿的证据，只是他自己的揣度，就妄下判断。这招来了后世的批判。其实，如果联系当时的政治背景来看，韩愈这么写可能有不得已的苦衷。而且，韩愈虽然诋毁革新派，却没有完全否定永贞革新，他指出了这次改革的一些善政，说这些善政人们非常拥护，好几个地方写到百姓"市里欢呼""人情大悦""欢呼大喜"，对革新的某些举措，是极力赞扬的。而且，韩愈也没有对革新派全盘否定，对于柳宗元、刘禹锡等人，韩愈觉得他们只是误入歧途，很为他们感到可惜。

后人因为韩愈对革新派过于诋毁而对韩愈颇有微词。特别是韩愈除了《顺宗实录》外，还写了一些诗歌谩骂抨击革新派。如果说《顺宗实录》撰写过程中有苦衷，那么诗歌呢？总没人逼着你写诗骂革新派吧。这就跟韩愈的经历和政治态度有关。韩愈本来就对王叔文等人的人品、政治主张等不满，再加上怀疑自己被贬阳山、仕途坎坷跟王叔文集团有关，公仇私恨交加，自然对革新派就满纸抨击诋毁了。

小知识◎韩愈被贬阳山之谜

韩愈被贬阳山非常突然，在上奏章弹劾李实后不久，就遭到了贬黜。韩愈到阳山后，又疑又怒，反复思考自己被贬的原因，总觉得不是上书得罪李实那么简单。

顺宗即位后，大赦天下，王叔文集团的人先后升迁，李实遭到惩处。但是韩愈却没有得到赦免。如果当初是因为李实遭贬，按理说韩愈不但该被赦免，还应该官复原职甚至加官进爵。怎么还会滞留在阳山呢？后来，韩愈得到了量移，但不是回京，而是被量移到了袁州。

  本来就对当初遭贬心存疑窦的韩愈，开始百般猜测。最后他把自己的遭遇归罪到王叔文集团头上。他开始怀疑是因为自己当初跟柳宗元、刘禹锡交好，说了不少指责王叔文集团的话，可能是刘、柳两人告了密，得罪了王叔文集团，因此自己才遭到了厄运。这样也就能解释自己的处境了。再加上王叔文集团的一些言行，韩愈本来就不满，因此，韩愈对王叔文集团充满了排斥和怨恨。

4. 经济思想

士农工商,各司其职

中国古代社会存在重农抑商的传统,认为农业是国家的根本,非常重视;而商人本身不从事生产,属于不劳而获,因此不鼓励经商。当时百姓被分成四类,即士、农、工、商,读书人排第一,万般皆下品,唯有读书高;而商人被排在最后,最没有地位。但是韩愈认为士、农、工、商各有各的作用,他们在社会分工中各司其职,各负所责,是社会安定发展的基础。

韩愈还认为,在一个社会当中,皇帝、大臣、百姓等人都该各司其职,尽忠职守。皇帝发布政令,大臣传达皇命,百姓则执行命令,生产粮食丝麻,制作器皿,买卖货物,这样国家才能正常运转。要是皇帝不颁布政令或者颁布得不妥当,那么就是失职;百姓要是不守本分不工作就应当被处死。

韩愈的这种观念被称作"诛民"论,后人因此批评韩愈为统治者服务，任意轻贱劳动者的生命。应该承认，韩愈的这种观念确实体现了封建等级思想，但是应该看到韩愈的这种观点，主要是针对佛教徒和道教徒来说的。古代社会哪有真正不工作的百姓呢？只有佛道教徒是靠国家和百姓的施舍供奉生活。韩愈认为他们游手好闲、不劳而获，而当时的崇信佛道的风气愈演愈烈，韩愈对佛道教徒深恶痛绝，才提出了这样的主张。

同情百姓，救民疾苦

韩愈无论是在朝为官还是做地方官，都尽力解决百姓生活疾苦。

贞元十九年（803年），长安及其周围地区夏季大旱，秋季又遇到了霜冻天气，导致庄稼歉收。唐德宗本来已经决定免征当地赋税，但是京兆尹李实为了贪功，却对德宗说"今年虽然大旱，但是庄稼长得很好"，因此，租税照旧，一点都没减免。

百姓苦不堪言，"至闻有弃子逐妻以求口食，拆屋伐树以纳税钱"。为了换一口吃的，很多人抛弃妻子，扔掉孩子；为了交税，甚至拆屋伐树。百姓因为生活所迫，刚出生的孩子就直接扔到沟渠中溺毙，或者卖掉孩子换取一点微薄的口粮，即使孩子不愿离开父母，苦苦地拉着父母的胳膊恳求，父母都不回头。

这一幕幕人间悲剧，就活生生地发生在韩愈面前。韩愈出门时，亲眼看到饿殍遍野，有些百姓横尸路旁，亲人在旁边哀哭。面对这些景象，韩愈"归舍不能食，有如鱼中钩"，连饭都吃不下，好像是被鱼钩钩住的鱼那么痛苦。

当时京兆尹李实气焰熏天，曾经有伶人委婉地告诉德宗这种情况，李实却说他诽谤朝政，"杖杀之"，活活地把他打死了。因此，无人敢再开口。

韩愈实在忍无可忍,终于上书《御史台上论天旱人饥状》,说明真实的情况,并且请求德宗暂停征税,等百姓来年收成好时,再征收。虽然韩愈因此被贬阳山,他的建议也没有被采纳,但是他在当时那种情况下,能够挺身而出,为百姓谋福利,已经非常可贵了。

韩愈被贬谪到潮州和袁州后,也本着这种关心民生的态度,在当地放免奴隶,实行仁政,获得了百姓的广泛赞誉。

论辩盐法,关心民生

无论哪朝哪代,税收都是国家收入的主要来源。在唐代的税收中,盐税差不多占了一半的比例。因此,盐务相关政策事关国家的经济命脉,非常重要。

唐穆宗长庆年间,张平叔担任了户部侍郎。他上任之后大刀阔斧地要改革盐政。他上书皇帝,提出应恢复官方全面禁榷的盐法十八条,认为"盐自官卖"可以富国强兵。皇帝一看有这么好的事,动了心,把这封奏章给大臣们传看,让大家讨论是否可行。

当时很多大臣对此持反对态度。比如中书舍人韦处厚,就逐条批驳了张平叔的观点。而韩愈也写了《论变盐法事宜状》,他综合考虑了国家、民生等方面的情况,提出了十三条,驳斥了张平叔,坚决反对官卖。

韩愈从小生活在社会下层,成年后又做过多任地方官员,对民间疾苦和社会情况比较了解。因此,他的反对并不是泛泛而谈,并且提出了很多实际问题,意见非常中肯。比如,其中有一条是这样的:

韩愈认为偏远山区,由官府亲自去卖盐得不偿失,因为偏远的山村没几家住户,所需求的盐不多,私卖的商人背些盐偶尔去卖卖就行了。虽然商人们卖的可能比政府的价格贵一点,但是商人们翻山越岭背盐去卖,赚的也是个辛苦钱,虽然比正常价格贵个三钱两钱,也不算过分;而且百姓多花一点钱,免去自己的奔波之苦,也是愿意的。但是由官府专卖就不同了,官府送货上门,说起来好听,价格看起来便宜,但是官差到了村里,肯定让百姓出钱出物地伺候他们,那百姓损失的可就不是三两个钱了。因此,弊多利少,不可行。

不了解偏远地区的情况,不了解地方官吏狐假虎威、作威作福的嘴脸,不关心民生疾苦,就写不出这样的诛心之论。其他的十二条,从这里可见一斑。

在韩愈等官员们的强烈反对之下,盐自官卖最终没有实行。

5. 教育思想

呼吁师道，反对流俗

韩愈在教育史上最大的贡献之一是重新振兴了师道。

从魏晋开始，尊师重道的风气逐渐淡薄。到了唐代，这种情况愈演愈烈，人们即使有问题也不愿向别人请教，觉得那是一种耻辱；而被请教的人也不愿意被称作"老师"，生怕被别人嘲笑。

这跟儒家的教育观是相悖的。

孔子曾说"三人行，必有我师"，即使是路人，也有值得自己学习的地方，而且孔子也身体力行，他本身就是名师，门下有弟子三千。

因此，韩愈遵循儒家教育理念，大声疾呼，提倡人们要敢于给别人当老师，有了疑问不要不好意思向别人请教。韩愈的呼吁在当时社会上一石激起千层浪，很多人说他狂妄自大，甚至辱骂他。柳宗元这时挺身而出，为他辩护。柳宗元擅长寓言，就讲了个故事，说四川那个地方常年雾气很重，那里的狗没怎么见过太阳，所以要是突然看到太阳，就会疯狂地大叫。其实不过是少见多怪罢了。柳宗元把那些辱骂韩愈的人比喻成狗，把韩愈比喻成天上的太阳，讽刺非常辛辣，可见对韩愈的推崇和支持。不过可惜的是，柳宗元自己仍然囿于社会成见，虽然也教育、指导后辈，有教师之实，但是却不愿承担教师之名。

韩愈虽然没有马上扭转社会风气，但是也振聋发聩，促使很多人思索师道问题，开启了弘扬师道的风气。

传道授业，师不必贤

韩愈明确提出教师的职责包括三个方面：传道、授业、解惑。

这是我国教育史上第一次对教师职责的完整阐述。

"传道"指传授儒家的思想，"授业"指讲授儒家经典著作，"解惑"指答疑，回答学生在学习"道""业"过程中产生的疑问。因为韩愈是儒学家，所以他提到的这三个方面都跟儒学有关。发展到现代，人们又重新阐释了其中的含义，不少教育者从中受到了启发。

韩愈更大的贡献是突破了传统的师道伦常。他认为老师不必处处比学生强，不管是谁，只要有值得学习的地方，就可以把他看作老师。教师和学生之间没有本质区别，只是"闻道有先后，术业有专攻"，各自有擅长的地方罢了。

当时社会上非常看重教师的身份、资历、年龄等问题，韩愈在当时提出这种观点是需要很大勇气的。

韩愈还常常向学生们传授学习经验，比如他曾写过一篇《进学解》，模仿国子监教书先生训导学生的语气，教导学子们如何学习，成为千古名篇。他认为应该这样学习：首先，学习态度要勤奋，"业精于勤

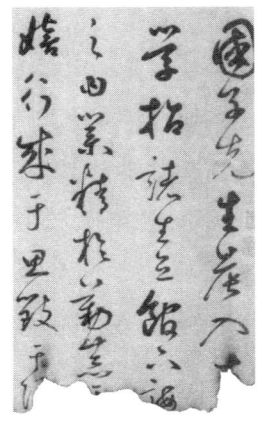

鲜于枢草书《进学解》

《进学解》是唐代元和年间韩愈担任国子博士时所作,假托向学生训话,勉励他们努力学习、注重品德修养。学生对此提出了质疑,韩愈再进行解释,因此名为《进学解》。韩愈借此抒发了自己怀才不遇的愤懑之情,其中留下了许多千古名句。鲜于枢,元代书法大家,兼长楷书、行书、草书,尤以草书为最

荒于嬉,行成于思毁于随"。其次,应该涉猎各家学说,除了学习《诗》《书》《礼》等儒家六艺,也应广泛阅读诸子百家的学说。再次,还应该有远大的学习目标。

小知识◎韩愈《师说》

《师说》这篇文章是韩愈在唐德宗贞元十八年(802年)写的。当时韩愈已经35岁,在长安担任国子监四门博士,这是一个"从七品"的学官,比较低微。当时的社会风气是人们大多不敢自称"老师",否则就会被认为狂妄自大。而有些人虽然也想拜师求学,但要是找的老师地位卑微就会觉得没面子,对方地位高的话,又担心别人说自己趋炎附势。韩愈的这篇文章就是针对这种不良风气写的。他在文中肯定

了教师的重要作用，认为拜师学习很有必要，并且谈到了择师的原则。这篇文章中有不少名言，比如"师者，所以传道受业解惑者也"，"闻道有先后，术业有专攻"等。

兴办教育，引荐人才

韩愈一生仕途坎坷，但是他在自己职权范围内，总是尽可能地兴办教育，培养和选拔人才。

韩愈在董晋幕府时期，主持乡试，选拔、引荐了张籍等人。在徐州张建封幕府时期，因为名声不小，有很多人慕名向他求教，他都一一热情接待，除了当面指导以外，还通过书信耐心地与他们讨论问题。

刚被提拔为四门博士，他就向祠部员外郎推荐了侯喜、李翊、刘述古等10名青年才俊，这些人虽然身处社会下层，却才华横溢。

贬谪岭南阳山期间，很多学子慕名渡海去向他请教，比如区弘、窦存亮、刘师命等人。韩愈也一一耐心指导。

担任河南令期间，韩愈参与组织河南府的府试，选拔了李贺等人，并且设宴招待了要进京参加考试的全部人员。

韩愈被贬到潮州时，发现当地偏远的州县，学校几乎都荒废了。所以韩愈给辖区内各县发布公文《潮州请置乡校牒》，要求各县整治、兴办最基层的乡校。还拿出自己的俸禄兴办州学，并且聘请当地有名的进士赵德督办州学，主抓教育。他的这些举措对当地文化教育影响深远。

他任职国子监祭酒时，发现国子监学生数量锐减，学生入学门槛降低，导致学生素质不齐，鱼龙混杂。于是上《请复国子监生徒状》，

江西宜春昌黎书院
韩愈因上《论佛骨表》被贬潮州后,又被调为袁州刺史。韩愈到袁州后兴办书院,培养人才,为当地做出了不少贡献。为纪念韩愈,北宋和明代曾先后修建韩文公祠。明嘉靖二十八年(1549年),袁州知府刘廷诰等人将韩文公祠修葺、扩充为昌黎书院

提出了一系列整顿措施,要求扩大招生规模,整顿教学秩序,在经济方面提供充足保障。还要求严格学官考核制度。以前学官往往由吏部任命,只重视资历,不重视能力和学问,韩愈要求新任学官,在吏部初步拟定后,必须再通过国子监的"研试"考核,合格后才能上任。经过韩愈的大力整顿,国子监的面貌得到了明显改善。学生们非常欣喜,奔走相告,说"韩公来为祭酒,国子监不寂寞矣",韩愈来管国子监,国子监要兴盛了。

韩愈既有坚实的理论,又有丰富的实践,因此,成为了古代最著名的教育家之一。

6. 文学思想和成就

推崇古文，以文明道

"文"与"道"的关系是文学史上的一个重要话题。儒家思想认为，文学作品应该起到教化作用。韩愈继承了这种观念，他说"君子居其位，则思死其官；未得其位，则思修其辞以明其道"，认为写文章和做官一样，都可以造福社会；有机会做官就要尽忠职守，没机会做官就应该通过写文章，提倡推广儒家思想。他认为文章不只是简单的文字游戏，而是负担着重要的使命，那就是"文以明道"，通过文章阐明儒家义理。

但是当时文坛流行的却是骈体文。骈体文讲求声律、辞藻、对仗等形式技巧，虽然产生了不少佳作，但是发展到唐代时，因为过分重视形式，而忽视内在的精神力量，往往流于浮靡。针对这种情况，韩愈认为应该进行文体改革，提倡古文，也就是先秦两汉的文章。他认为文章应该有充实的内容，应该把儒家义理作为文章的核心内容，通过这种文体改革复兴儒道。这次文体改革运动又被称作"古文运动",影响很广,一直延续到宋代,欧阳修、王安石、苏轼等人都曾参与其中。

在这种观念指导下,韩愈创作了不少古文名篇。他用文章来抨击指责社会上不合理的现象,弘扬正义和儒道,比如《师说》批评了人们耻于为师的观念,大声疾呼人们要勇于为师;《讳辩》为李贺打抱不平,李贺因为要避父亲名讳不能参加进士考试,韩愈揭露了这种社会风气的虚伪和无知;《论佛骨表》分析了佛教过度发展对社会造成的恶果,劝谏皇帝停止佞佛的行为。

小知识◎《讳辩》

李贺是唐代著名诗人,与李白、李商隐三人并称唐代"三李"。李贺很有才学,本来很有希望通过进士考试。但是当时社会礼教要求君主和尊长的名字,不能直接写出或者说出,

李贺像
李贺(790〜816年),字长吉,河南福昌(今河南宜阳西)人,祖籍陇西。唐代著名诗人,世称鬼才、诗鬼等,是中唐浪漫主义诗人的代表

也就是所谓"避讳"。跟李贺同期参加进士考试的人,嫉妒他的才华,于是四处宣扬说李贺的父亲叫晋肃,"晋"和"进"士的"进"同音,因此,李贺不能参加进士考试。当时很多人不辨真伪,纷纷附和。在这种情况下,韩愈挺身而出,写了《讳辩》,为李贺抱不平。他并没有否认"避讳",而是引经据典,认为"避讳"应有一定的原则,仅仅根据发音相同就要避

讳，是把避讳扩大化的做法，非常迂腐可笑。韩愈反击说，要是父亲名字里有"仁"，难道儿子就不能做人了吗？说理明白犀利。可惜，韩愈的文章并没有改变李贺的命运，李贺仍然没有被允许参加进士考试。此后，李贺一直心情抑郁不得志，年仅27岁就去世了。

以文为诗，独辟蹊径

韩愈把弘扬儒道当作自己毕生的重任，而古文是最好的表达工具。诗歌在阐发道理方面显然是比不上古文的，所以，韩愈更重视散文创作，认为"余事作诗人"，弘扬儒学、写文章之余再抽空写诗。而且为了满足叙事说理的目的，韩愈的诗歌创作常常"以文为诗"，用写文章的方法写诗歌。这是韩愈诗歌的一个重要特点。

传统的诗歌一般以抒情言志为主，讲道理、说事情主要通过文章表达，但是韩愈却偏偏拿诗歌来叙事、议论，比如《山石》这首诗采用散文化的句法和词汇写诗，全诗二十一句，中间不换韵，一韵到底，采用"赋"的写法，平实地记录了游览过程，完全可以看作一篇微型的游记散文。诗中描写了晚宿山寺、夜间游览、清晨离去的整个过程，描述了这个过程中的所见、所闻、所想，让读者仿佛身临其境。再如《石鼓歌》中又夹叙夹议，以议论为诗。另外，传统的诗歌讲求声律对偶，节奏和谐，句式工整，韩愈却打破了诗歌外在形式的规整，有时故意不对仗，诗句长短错落，跳跃起伏。

用这样的写作方法写得好，就会写出很有新意和深度的作品；写得不好，就会难读又难懂。

黄庭坚像

黄庭坚（1045～1105年），字鲁直，自号山谷道人，晚号涪翁，又称豫章黄先生，洪州分宁（今江西修水）人。北宋著名诗人、词人、书法家，被后世奉为江西诗派开山之祖

因此，后人对韩愈的诗就有了两种截然不同的评价。一种评价认为这样写很好，既有诗歌的优美，又有文章的流畅。一首诗中，有韵体，有散体，既像诗歌，又像散文，很别致，空前绝后。另一种评价认为这样写并不是诗歌的本色，诗歌就应该是诗歌，散文就应该是散文，否则，虽然写得很好，但总感觉是四不像。

韩愈的这种诗歌风格深刻影响了后世，不少著名的文学家比如王安石、黄庭坚等都非常推崇韩愈的这种诗风，从而最终形成了以义理见长的宋诗风格。

陈言务去，气盛言宜

韩愈之所以成为唐宋八大家之首，不只是因为他重视在文章中传"道"，更重要的是他也很重视文章的形式和写作技巧。其中，他特别强调，要"惟陈言之务去"，他认为要做到这点是非常难的。

"陈言"，简单地说就是文学前辈们曾经使用过的语言、立意、形式技巧等内容。"陈言务去"就是说写文章要不落俗套，摆脱前人窠臼，有自己的思想见解，有自己的语言创新。

怎样才能做到"陈言务去"呢？韩愈认为应该注重"气"，"气"盛才能"言宜"，也就是有充沛的思想和感情，写出来的东西才会妥帖。韩愈打了个比方，他说气就像水一样，诗文就像漂浮在水上的东西，要是水量充足、水面开阔，那么东西不管大小都能漂浮在水上。写文章也一样。只要作者思想感情充沛,修养深厚,那么写出来的文章在声调、语言等形式上就会非常自然,怎么写都能写好。否则就是无病呻吟,光有好的形式,却没有深刻的内容,做不出来好文章。

在这种思想的指导下,韩愈虽然也倡导"文从字顺",文字简洁平实,但是他诗文总的风格却是瑰丽奇伟,新意迭出,比如《送穷文》和《苦寒》诗等作品。在《送穷文》中,韩愈说自己有"五穷",被智穷、学穷、文穷、命穷、交穷五个穷鬼相伴多年,打算把它们送走,但是这些穷鬼告诉他,虽然它们让他不合于世,却让他获得了百世英名,最后韩愈改变了主意。该文通过幽默自嘲的写法,抒发了韩愈抑郁不得志的愤慨和情怀。在《苦寒》诗中,韩愈看到冬天麻雀在外面冻得瑟瑟发抖,觉得麻雀可能认为"不如弹射死",与其这么寒冷难耐,还不如被弹弓射死,哪怕是被人煮着吃了,反而靠近了火焰,得到了温暖。该诗思考的角度非常奇特。

不平则鸣,欢愉难工

贞元十六年(800年),韩愈的朋友孟郊被任命为溧阳尉,从长安启程,韩愈跟他依依惜别,写了一篇赠序,也就是《送孟东野序》,在这篇文章中,他抒发了对好友怀才不遇的同情和愤懑,提出了自己对文学创作的深刻见解。

韩愈说,他发现"物不得其平则鸣",人也是一样"有不得已者而后言",心中有愤懑、哀伤、痛苦等不得已的事情,才能写出好文章。人们唱歌往往是为了寄托情思,哭泣往往是因为有所怀恋,文学创作也一样,当作家处境艰难、贫穷饥饿、愁肠百结时,写文章不再是为了写而写,而是为了抒发情感,寄托怀抱,在这种情形下,常常会产生杰作。

韩愈还发现文学创作中存在这样一种现象：越是不得志，越是能创作出好作品。他说"夫和平之音淡薄，而愁思之声要妙；欢愉之辞难工，而穷苦之言易好也"，歌颂升平的诗文往往很平淡，而如果愁怀满胸，反而能写出感人的作品；欢快的内容很难写好，但是表现穷困愁苦，却容易写得精彩。

因此，韩愈认为好的文章，大都是作者流落他乡或是处境困苦时写的。而王公大臣、富豪权贵本身已经志得意满，除非酷爱写作，否则根本没有那种心境和时间写出杰作。

这种观念跟韩愈的经历分不开，他出生在贫寒的家庭中，父母早亡，虽然才华卓越，却仕途坎坷，身边的亲友们也常常跟他类似，空有满腔抱负，却生活困窘，怀才不遇。这促使韩愈写出了《杂说四》（又称《马说》）、《进学解》、《送孟东野序》等文章，讽刺辛辣，寓意深刻，气势磅礴，有很强的现实针对性。

三 评价

韩愈出身贫寒，仕途发展一波三折，为了仕进，他不惜干谒权贵，甚至说了很多昧心话，在贬谪后他并不是大义凛然，气骨铮铮，而是哀哭乞怜，讨好皇帝，因此后世对他的人品颇有非议。他为儒学发展做出了巨大贡献，但是在北宋中后期却遭到了正统儒学家的抵制，甚至被剔除出道统之列，好在历史最终给出了公正的评价。他的诗文成就很高，位列唐宋八大家之首，对后世影响深远。

1. 韩愈的为人

　　唐、五代和宋初，人们对韩愈的人品总的来说是肯定的。《旧唐书》说他"与人交，荣悴不易"，也就是不势利，能跟朋友同甘共苦，比如孟郊、张籍等，都家境贫寒，但韩愈始终对他们不离不弃。《新唐书》对此也是这种观点，说有些朋友英年早逝，留下妻儿老小，生活贫困，韩愈也都尽力帮助他们。

　　但是，自宋代开始，很多儒学家却认为韩愈没有气节，贪图富贵，主要是因为韩愈做过这样一些事：

　　韩愈为了仕进，不断干谒达官贵人，一生给显贵们写了不少干谒的书信。比如连写三封《上宰相书》，乞怜求官；写《上李尚书书》不顾李实是个贪官，吹捧逢迎李实；甚至在《与凤翔邢尚书书》中干脆说穷苦的读书人就得跟王公大臣们合作，这样对谁都有好处。清代王夫之曾一再抨击韩愈追求名利的思想。

　　韩愈曾写《论佛骨表》，大义凛然，但是当他因此被贬潮州时，却痛哭流涕，向皇帝上书乞怜，说自己的处境是多么凄惨，还上书请皇帝去泰山封禅，讨皇帝欢心。宋代欧阳修对此很鄙视，他说"常看到前代有些名人，谈论朝政时，慷慨激昂好像不怕死的样子，可是真的被贬，却露出一副可怜巴巴的嘴脸，写的文章中满纸都是不堪的哀叹，跟普通人没什么两样，韩愈就是这样"。

韩愈类似的种种做法直接影响了后世对他的评价。但是我们应该看到，在面临原则问题时，韩愈都保持了自己的气节。苏轼就因此对韩愈大加赞扬，认为他"忠犯人主之怒，而勇夺三军之帅"，概括了韩愈的两件壮举：一是冒着触犯皇帝的风险写了《论佛骨表》，即使后来向皇帝乞怜，却从没说过自己反佛是错误的；二是临危受命，不顾个人安危，成功地安抚了藩镇。后世对韩愈的评价应该像苏轼这样，从大处着眼，才是比较客观公正的。而且还应该看到，韩愈渴求仕进不是为了贪赃敛财，而是为了经世济民，实现自己的抱负和理想，在为官的每个阶段，他都恪尽职守，做了不少好事、实事。

小知识◎韩愈"炫富"

韩愈年少时家境贫寒，后来逐渐富贵，元和十年（815年）在长安的靖安里买了栋房子，并且很得意地写了首诗《示儿》教育儿子，说自己当初刚到长安时，非常清贫，只带了一束书。但是辛勤努力了30年后，却买得起这么大的房子。他在诗中详细描述了房屋内外的布置，并且夸耀自己交往的都是卿大夫，位高权重。

这首诗受到了后世不少人的指责，认为这是在"炫富"，整首诗都在谈功名利禄。

2. 取得的成就

儒学成就

韩愈为儒学发展做出了卓越贡献，在唐代就有不少人推崇他。比如唐代皮日休说"千世之后，独有一昌黎先生"，认为从孟子以后，是韩愈振兴了逐渐衰微的儒学，还奏请皇帝把韩愈配享太学。

北宋很多名家也纷纷肯定韩愈在儒学发展方面的贡献，把韩愈看作道统的传人。宋初儒学家非常崇拜韩愈。如柳开干脆给自己起名叫"肩愈"，就是跟韩愈比肩，追随韩愈的意思；石介甚至说韩愈比孟子还厉害。之后，苏轼父子等很尊重韩愈，苏轼认为"五百余年而后得韩愈，学者以愈配孟子，盖庶几焉"，认为韩愈对儒学发展贡献重大，能够跟孟子相提并论。

但是从北宋中后期开始，儒学家们对韩愈的看法开始出现了变化。王安石针对韩愈的学说、著作、行事等进行了全方位的批评。朱熹干脆说韩愈虽然写文章不断呼吁要弘扬儒道，但是在日常言行中根本体

潮州韩文公祠大门
大门上面题有"韩文公祠"四字。韩祠依山而建,始建于北宋咸平二年(999年),最初建在金山,后来迁到州南七里,南宋淳熙十六年(1189年)迁现址

现不出来,其根本目的是为了做官。还有很多儒学家认为韩愈的学说不够精纯,特别是他的一些言行不符合圣贤的行为准则,把韩愈剔除出了儒家道统。

  金代和元代总体来说,对韩愈还是比较肯定的,对他的儒学成就也给予了较高的评价。明清之后,对韩愈的评价越来越高。自明代以后,北京吏部、翰林院、礼部、国子监等都祭祀韩愈。清代曾国藩也称赞韩愈"上起八代,下垂千纪。民到于今,恭循成轨",赞美韩愈对儒学发展的贡献。

文学成就

北宋的文学家们非常推崇韩愈的诗文创作,他们认为韩愈是古文创作的"集大成者"。比如王禹偁说"韩柳文章李杜诗",认为韩愈和柳宗元的文章最好,李白、杜甫的诗歌最妙;苏舜钦说"唐之文章称韩柳",认为唐代写文章最好的就是韩愈和柳宗元;欧阳修说韩愈文章"无施不可",怎么写都写得好。欧阳修、秦观、晁补之等人都曾模仿韩愈文章的风格进行过创作。朱熹虽然不满韩愈为人,但是也承认"韩文公诗文冠当时,后世未易及",说韩愈的诗文在当时就名气很大,后世的很多文学家都比不上。

韩愈诗歌创作"以文为诗""以才学为诗"的特点,在北宋也得到了继承和发扬,欧阳修、梅尧臣、王安石等人的诗歌创作都受到了韩愈的影响。

特别是苏轼,他是北宋诗文运动的领袖,对韩愈分外理解和推崇。他在《潮州韩文公庙碑》中说:"匹夫而为百世师,一言而为天下法",赞扬韩愈本来只是一个普通百姓,但是言传身教,大力提倡古文,在社会上造成了强烈反响;"文起八代之衰,而道济天下之溺",扭转了齐梁以来浮靡的文风,使写作古文成为大趋势;振兴儒学,保护和维系了儒学的传承,深刻影响了当代和后世。

金代和元代对韩愈的文学成就非常推崇,比如元代辛文房《唐才子传》中称赞韩

欧阳修像
欧阳修(1007〜1072年),字永叔,号醉翁、六一居士,吉州永丰(今属江西)人,北宋著名政治家、文学家、史学家和诗人

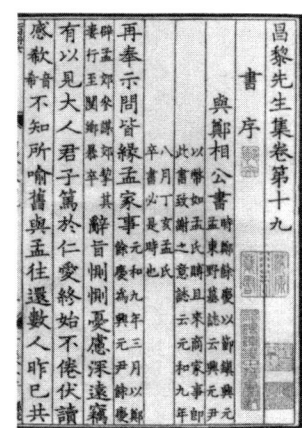

宋本《昌黎先生集》
《昌黎先生集》为韩愈门人李汉所编,是韩愈作品最全面的汇集

愈"一代文宗,使颓纲复振",说他是文坛宗师,复兴了儒道,赞美了他在文学和儒学方面的贡献。

明代对韩愈文学成就的评价也比较高,虽然"前后七子"否定韩愈,但是"唐宋派"的文人却非常推崇韩愈,而且明朝很多著名的文人都很欣赏韩愈,比如宋濂、王世贞、胡应麟、茅坤等人。

清末民初学者章炳麟很推崇韩愈,认为韩愈的文章直接影响了宋代很多文学家的创作,在宋祁、欧阳修的文章中,都能看到韩愈的影响。晚清的"宗宋诗派"更是把韩愈跟杜甫联系起来,肯定了韩愈在诗歌史上承前启后的作用。

小知识◎苏轼《潮州韩文公庙碑》

元祐七年（1092年）三月，苏轼接受了潮州知州王涤的请求，替潮州重修的韩愈庙撰写了碑文《潮州韩文公庙碑》，这篇碑文对韩愈的道德、文章和政绩都给予了很高的评价，表现了潮州人对韩愈的缅怀和崇敬。据说苏轼写《潮州韩文公庙碑》时，开始很不顺利，写了好几次都不满意。特别是开头，总是觉得不好，反复多次，甚至都不想写了。结果有一天，脑子里忽然出现了"匹夫而为百世师，一言而为天下法"这两句，一下子来了灵感，把这两句当作开头，然后全篇文章势如破竹，一挥而就。这篇文章获得了后世无数的赞誉。

《潮州韩文公庙碑》（残片）

◎下篇 柳宗元

一、生平、传承与交游

柳宗元一生志向远大,却卷入了政治旋涡,空有满腹经纶而无从施展,只能在偏远的州县小试牛刀,半生抑郁,抱恨而亡。而历史对他却又是厚爱的,不幸的际遇迫使柳宗元反思人生和社会,并通过诗文言志,留下了不少优秀的诗文,千古传唱,令人追怀。韩愈曾说,要是柳宗元没有遇到这些坎坷,虽然能出人头地,但是他的文章辞赋肯定没有现在这么精彩。是当一时的将相,还是写出流传千古的文章?要是生命可以重来的话,不知道柳宗元会选择怎样的人生,这也是历史留给我们的谜题。

1. 生平

少有文名，崭露头角

柳宗元从小就才华横溢，名声远播。很多人在当时就很看好他的未来。柳宗元年仅9岁时，就被名士杨凭看中，把自己的女儿许配给了他。

柳宗元果然不负众望，贞元九年（793年），21岁的柳宗元顺利考中了进士。本来是大喜之时，但是他的父亲柳镇却不幸在这一年病逝。根据唐代制度，父亲死后3年之内，进士都不能参加铨选。所以，直到贞元十二年，柳宗元才能应考，可惜没被录取。他又考了两年，贞元十四年，终于通过博学宏词科考试，被任命为集贤殿书院正字。

集贤殿书院正字负责校理经籍图书，只是个从九品上的小官，但却是官员晋升的重要途径之一。因为这个职务一般都会选拔文学才能突出的人充当，而且按照当时的惯例，要想做高官，一般得有进士出身，先担任校书、正字一类的官员，然后再放外任，当当县令、县尉等地

柳宗元像
柳宗元（773～819年），字子厚，唐代文学家、哲学家和政治家，唐宋八大家之一

方官，最后才能被调回中央做官，不经过这个过程，一般不能当近侍官。柳宗元的仕途开端非常顺利。这时他不过才26岁。

3年正字任满后，柳宗元被任命为京兆府蓝田（今陕西蓝田）县尉，沿着升迁的规定动作又迈进了一步。

除了仕途顺利外，柳宗元在文坛也闯出了一片天地。他这一时期创作了不少好文章，赢得了人们的赞誉。虽然年纪轻轻，但是已经有很多人慕名向他求教，有时一天甚至有几十个人上门，他都一一热情接待，耐心作答。

小知识◎唐代铨选

唐代铨选制度是中央政府选拔官员的考试，是当时做官的重要途径。因为通过科举考试只是获得了进士出身，也就是获得了当官的资格。而获得这种资格的途径不少，比如拥有军功、门荫等都行。但是这些人要想进一步获得具体官职，一般得参加铨选。其中，五品以上官员是皇帝直接任命的，六品以下的官员除了员外郎、御史及供奉官以外，文官由吏部、武官由兵部，通过铨选考试，才能进行授官。而且，科举及第后，并不能立即授官，得守选数年（如进士及第守选3年）；六品以下官员任满后，也不能立即升迁，还得守1至12年，然后才能做官。

官运亨通，水中花月

贞元十九年（803年），柳宗元被召回中央，任命为监察御史里行。唐代监察御史负责考察百官、巡按郡县等，正式编制10人，还有若干里行。"里行"大概相当于现在"实习生"的意思，往往由一些有才学却又资历不够的人担任。虽然品级不高，但是职责重要，并且由皇帝亲自任命，是容易得到提拔和晋升的好职位。

顺宗即位后，王叔文集团得势，柳宗元也被提拔为礼部员外郎，负责掌管礼仪、贡举之类的事情。品阶不高，却属于政治核心的成员。仅仅一年，就官升两级，并且靠近了权力中心。柳宗元可谓少年得志，他自己后来也回忆这段经历说是"超取显美"，升迁过快。

柳宗元期待能够发挥自己的才干，实现有为于世的理想。他积极投身改革，希望能够革除社会上存在的诸多弊端。在永贞革新中，柳宗元是骨干分子，承担了一系列文字工作，发挥了重要作用。

然而，永贞革新仅仅维持了半年，就流产了。柳宗元也从狂热的理想中被迅速打回了现实。永贞元年（805年），他被贬为邵州（今湖南邵阳）刺史，但是朝议认为惩罚太轻，在他还在赴邵州途中时，又追加了一道命令，将他贬到更远的永州（今湖南永州）担任司马。

此时的柳宗元没想到，他的一生就此踏上了漫漫贬谪之路。

小知识◎永贞革新

永贞元年（805年），唐德宗去世，太子李诵继位，为唐顺宗。但是唐顺宗当时身体不好，生有重病，甚至不能讲话。因此他继位后，内宫主要由嫔妃牛昭容和宦官李忠言主持，外政主要由以前做太子时的幕后班底王叔文、王伾等人负责。他们采取了一系列的革新措施，比如罢宫市五坊使，打击以俱文珍为首的宦官集团等，有些措施很受百姓欢迎。但是因为革新派本身依靠的是病弱的皇帝，基础不牢固；而唐代的藩镇和宦官势力已经根深蒂固，很难铲除；另外革新派缺乏声望，没有兵权，而且改革过程中程序和方法都存在一些问题，改革始终存在着很大的隐患。因此，最终顺宗仅在位6个月左右就被迫禅位，革新派人士遭到贬谪，改革失败，永贞革新仅仅维持了146天。

贬官远迁,流离失所

几个月后,柳宗元来到了永州。唐代的永州还是一片蛮荒之地,远离中原地带,所辖只有3个县:零陵、祁阳和湘源,处在如今湖南西南部和湖南、广西交界地区。因为自然条件恶劣,赋税繁重,人口流亡很严重,非常荒凉。

柳宗元担任的职务只是个闲官,属于编外人员,没有任何职权,也得不到官方住所,实质相当于一个受管制的囚犯。他只好借住在当地的龙兴寺中。龙兴寺破败荒凉,杂草丛生,房间潮湿阴暗,条件很差。

永州柳子庙
柳子庙坐落在湖南永州柳子街上,为纪念柳宗元而建。始建于北宋仁宗至和三年(1056年),南宋绍兴十四年(1144年)、清朝光绪三年(1877年)重建。2001年6月25日,柳子庙作为清代古建筑,被列入全国重点文物保护单位

在这样的环境下,年近七旬的老母卢氏到永州半年左右就因病去世。

从声名显赫的朝官一下子落到这种境地,形同囚犯,柳宗元的心情非常苦闷。沉重的压力和恶劣的生活环境,使柳宗元的身体每况愈下。几年之后,刚过而立之年的柳宗元已经是"百病所集",全身都是病,肠胃、心脏、精神等都不太好,消极厌世。

其间,王叔文早被处死,王伾、韦执谊等人也病死在贬所,朝廷虽然几次大赦,却明确声明对王叔文集团的人"纵逢恩赦,永不叙用",就是不管怎么样,都不宽恕他们,断绝了柳宗元等人的生机和希望。

就是在这样的氛围之中,柳宗元虽然也有过心灰意冷的时候,但是却最终没有向命运屈服。他一方面研读佛经,寻求精神安慰和解脱,另一方面不断读书、思考、创作。他一生最重要的作品,大都是在贬谪之后创作的。比如著名的《永州八记》以及很多著名的寓言小品,都创作于这个时期。人生的苦难激发了他无尽的思考,提升了他的精神境界,这些都反映在了他的作品中。这个时期,他写出了《贞符》《封建论》《非〈国语〉》《论文八书》等优秀的理论著作。这些著作对当时的文坛产生了深刻影响,柳宗元也因此成为唐代文坛最重要的精神领袖之一。

因诗获罪,再贬柳州

"紫陌红尘拂面来,无人不道看花回。玄都观里桃千树,尽是刘郎去后栽。"这是刘禹锡写的一首小诗,简单易懂,说的是看花归来的人流熙熙攘攘,致使京城大道上尘土飞扬;他们去赏花的玄都观里春色满园,那些桃树都是我刘禹锡离开京城之后才栽种的。这首小诗写于元和十年(815年),看似简单,却如同狂风吹落繁花一样,引发了政坛动荡,才回京一个多月的革新派人物,还没有从10年的贬谪生活中回过神来,就又被远贬,很多人从此再也没能看到长安的桃花,其中就包括柳宗元。

元和十年,在被远贬10年后,柳宗元、刘禹锡等人被召回长安。他们非常欣喜,重新萌生了希望,感到自己前途有望,将重新获得进用。

这首诗就是刘禹锡在回到长安后写的,表面上看写的是玄都观的桃树,但实际上采用了双关的手法,用玄都观比喻朝廷,用桃树比喻朝中在这10年中新得势的权贵,讽刺他们现在虽然红极一时,却是踩着无数"刘郎"的肩膀,攀附权贵才得到了现在的地位。潜台词就是说,要不是永贞革新失败,我们革新派被贬,哪轮得到你们这些人?

唐宪宗看到这首诗后极为恼火,这些人当年差点害得他当不上皇帝,基本上属于"罪无可恕"型,因此一贬就是10年,几次大赦当赦不赦。因为多种原因才把这些人召回京城,本来就前嫌未释,属于留京察看。刘禹锡还偏偏写了这么夹枪带棒的一首诗,唐宪宗和反对派的心中新仇旧恨哪能受得了,马上将这些刚被召回的司马们再次远贬,虽然表面看起来当了刺史升官了,但实际上被贬得更加偏远了。其中,柳宗元被贬柳州,而刘禹锡被贬得最远,贬到播州(今贵州遵义)。

小知识◎刘禹锡二度题诗玄都观

刘禹锡曾先后两次在玄都观题诗,其间经历了不少荣辱浮沉。玄都观本来没有桃花,刘禹锡因为参与永贞革新,一贬10年,回到长安后,玄都观却已是满观桃花,人尽皆知,成为踏春出游的好去处。刘禹锡因而感慨题诗,触怒权贵,随即又被远贬。14年后，才再度被召回京城，担任主客郎中。他再次去玄都观时，却发现玄都观已非常荒凉，一棵桃树也没有，长满了野草和青苔。刘禹锡因此再次题诗《再游玄都观》："百亩庭中半是苔，桃花净尽菜花开。种桃道士归何处，前度刘郎今又来。"此诗用"种桃道士"比喻当初得势的权贵，如今我刘禹锡又回来了，可是你们在哪里呢？

造福百姓，凄凉辞世

现在柳州市中心有一座柳侯公园，柳侯公园内有柳侯祠，一池碧水，满树繁花。这是历代人们为了纪念柳宗元，在唐代罗池庙的旧址上修建的。当地人相信柳宗元死后成了神，专门为他修建了罗池庙。人们之所以这样做，是因为柳宗元身为柳州刺史期间，为当地切实做了不少好事，其中最重要的有四件：

第一件，解放奴隶。柳宗元到柳州后，发现当地很多穷人因为生活困难，由自由民被迫变成了奴隶。因此规定：卖身为奴的人按照服役期限计算报酬，到报酬抵销贷款时，就可以恢复自由。这个办法实行后，拯救了很多人，使他们重新获得了自由。

第二件，打井取水。当地人饮水困难，却因为迷信盛行，不敢破土打井。柳宗元亲自和属下选择考察打井地址，并特意从公款中拨出一笔打井费用，解决了当地人饮水困难的问题。

第三件，植树造林。柳州当时农业技术比较落后，荒野遍布，没有人开垦，柳宗元大力兴农，推广中原的农业技术，并且亲自带头植树造林，推动了当地农业、林业的发展。

第四件，普及文教。柳州当时整体文化水平很低，柳宗元一方面

柳州柳侯公园（正门）
柳侯公园位于广西柳州市柳江北岸，是为纪念柳宗元而建的公园。始建于清代宣统元年（1909年），是广西唯一一个国家重点公园

提倡儒教，修孔子庙，使人们懂得礼义；另一方面兴办学校，普及教育，提高了人们的文化修养。

通过一系列的措施，柳州的面貌有了很大的改善，柳宗元也在一点一滴地实现着自己造福民生的梦想。可惜他仅仅在柳州生活工作了4年，就贫病交加不幸去世了，年仅47岁。虽然他是当地官员，但是却非常清廉，死后家徒四壁，连办丧事的钱都没有，还留下了4个孩子，最大的才10岁左右，最小的儿子当时还在母亲腹中。最后是他的上司裴行立负担了丧葬费用，孩子们则由亲友接济照顾或者领养。

罗池
位于广西柳州市柳侯公园，柳州古八景之一。柳宗元在柳州任职时，常与部属在池边休闲流连，曾留下"馆我于罗池"的遗言

2. 传承与交游

名门后代,忠良之家

柳宗元是真正门阀贵族的后裔,他的祖先是北朝时"河东三巨姓"之一的柳氏家族。历代都身居高位,声名显赫。他的八世祖柳僧习历任扬州大都督、尚书右丞等官职。七世祖柳庆历任骠骑大将军、左仆射等官职。六世祖柳旦历任同三司、中书侍郎等官职。唐初时,柳氏家族同时在尚书省做官的就有22人,家族势力很大,炙手可热。

但是,到了柳宗元这一代,家族的显赫早已成为过眼云烟,基本上成了普通的庶族。曾祖父和祖父虽然也都做官,却只是县令之类的下层官僚。父亲柳镇明经及第,很有学问,为人正直,却没做过高官,只担任过左卫帅府兵曹参军、长安主簿、宣城令等六品以下的小官。后来因为担任大将郭子仪的掌书记,参与了夏口保卫战,被升为殿中侍御史。

在任职期间,柳镇正直不阿,平反穆员一案,但是却因此得罪了权臣窦参,被借故远贬到夔州(今重庆奉节县东)。直到窦参倒台,他才被官复原职,但是很快就去世了。虽然官职不高,柳镇却有很高的声望。当柳宗元进士及第后,唐德宗听说他是柳镇的儿子,还问:"是以前跟奸臣窦参斗争的那个柳镇吗?"连皇帝都对柳镇如此赞赏,可见柳镇在社会上的口碑。

柳宗元从小就跟着父亲辗转各地,耳濡目染,父亲的人品和正直不屈的精神深深影响了柳宗元,他一生都把父亲当作自己的楷模。

小知识◎河东柳氏家族

在唐代以前,河东有三大望族:祖居闻喜的裴氏,汾阴薛氏,解县柳氏,也被称作"河东三巨姓"。因此,柳宗元又被称作"柳河东"。柳氏家族出自姬姓,是传说中坐怀不乱的柳下惠的后代,秦朝时定居河东。柳氏在河东子孙繁盛,人才辈出,河东各县都有柳姓,而且在魏晋到隋唐时期,出了不少高官,光是做过宰相的就有6人。南北朝时,柳氏家族除部分留守外,向南迁徙,并分成东西两眷,西眷柳恭一支迁至汝颍(今河南汝州和安徽阜阳),东眷一支迁到襄阳(今湖北襄阳市),东西两眷中的许多后代也进入了中央任职,显赫一时。

刘柳之交，一生莫逆

刘禹锡，字梦得，洛阳人，唐代著名的文学家、思想家。他跟柳宗元是同科进士，比柳宗元大一岁，两人对政治、社会、人生的看法比较一致，又都才华横溢，所以，两人一见如故，并且一生都成为彼此最忠诚知心的朋友。

他们一起参加了王叔文政治集团，期待进行政治改革，发挥自己的才干，造福社会民生。可惜因为种种原因，改革最后失败，他们也成为改革的陪葬品，遭到远贬。即使如此，他们仍然保持着密切的书信往来，进行诗词唱和，探讨哲学、文学等问题，彼此鼓励，关系更加亲密。

贬谪期间，曾经出现过一丝曙光，他们被短暂地召回了京城。但是很快又被贬到更远的州县。刘禹锡本应被贬到播州，柳宗元被贬柳州。这时刘禹锡的母亲年迈，承受不了这样的长途奔波。柳宗元毅然上书，要求跟刘禹锡对调治所，体现了对朋友的深情厚谊。韩愈因此感慨说，世道险恶，很多人平时关系很好，但是一旦面对利害关系，就会落井下石，而柳宗元却设身处地为他人着想，可谓雪中送炭。

两人结伴踏上了贬谪的道路，在衡

刘禹锡像

刘禹锡（772～842年），贞元间连登进士、宏词二科，授监察御史，参加王叔文集团，反对宦官和藩镇割据势力。失败后被贬朗州司马，迁连州刺史。后以裴度力荐，迁太子宾客，加检校礼部尚书，世称刘宾客。刘禹锡和柳宗元交谊很深，人称"刘柳"，后与白居易唱和甚多，又并称"刘白"。其诗通俗清新，善用比兴手法，寄托政治内容

阳洒泪而别，各奔东西，就此永别。4年后，柳宗元在柳州与世长辞，再也没能回到长安，再也没能见到好友。他死后，刘禹锡痛哭失声，连作数篇文章，哀悼柳宗元，并且为他料理后事，情谊深厚。

叔文集团，政治同道

柳宗元刚步入政坛时，虽然官职不高，但是名气很大，很多势力都想拉拢他，跟他结交。柳宗元当时血气方刚，思想比较激进，自然跟改革派走得比较近，他把这些人视为自己的政治同道。这些人主要是后来被称为"王叔文集团"的一些人，包括王叔文、王伾，以及刘禹锡、韩泰、韩晔、陈谏、凌准、程异和韦执谊等人。他们在随后的永贞革新中成为了主力。

王叔文因为棋下得很好，贞元三年（787年）被调到东宫陪侍太子，也就是后来的唐顺宗李诵。他虽然身份低微，但是却胸怀大志，逐渐成为李诵在政治上的助手和参谋。他屡次给李诵出谋划策，还建议他多招纳人才。当他遇到柳宗元时，非常赏识，着意推荐提拔。柳宗元钦佩王叔文的才干，也很感激他的知遇之恩。他曾经在王叔文母亲死后，为她写过祭文，跟王叔文的关系密切。

柳宗元跟王叔文集团的其他人也比较要好，比如他跟韩泰都倾慕"古道"，也很钦佩韩泰刚直的人品；他跟凌准彼此相知，凌准死后柳宗元写诗悼念，说"进身齐选择，失路同瑕疵"，说两人不约而同选择了改革进身之路，又一起遭到贬谪，表示了跟凌准志同道合、共同进退的情感。

后来，改革失败，王叔文集团的人都被贬到偏远的州县去做司马，后来的际遇各有不同，王叔文被赐死，王伾、韦执谊、凌准早死，程异后来又得到重用,二韩、刘禹锡等人逐渐得到量移,而柳宗元则凄惨地死在了柳州。

小知识◎二王八司马

永贞革新的核心人物,年龄大多在30岁左右,在吏治、军事、财政方面都各有所长,却职位不高,基本上是御史台和六部衙门的小官。顺宗即位后,他们很快获得提拔。后来革新失败,他们又接连遭到远贬。王叔文为渝州(今重庆)司马,王伾为开州(今重庆开县)司马,韦执谊为崖州(今

八司马雕像
陈列在广西柳州市柳侯公园山长住房(柳宗元生平陈列馆)

海南海口市琼山区）司马，韩泰为虔州（今江西赣州）司马，韩晔为饶州（今江西鄱阳）司马，柳宗元为永州（今湖南永州）司马，刘禹锡为朗州（今湖南常德）司马，陈谏为台州（今浙江临海）司马，凌准为连州（今广东连州）司马，程异为郴州（今湖南郴州）司马，被称为"二王八司马"。因此，永贞革新又被称作"二王八司马事件"。

岳父杨凭，交往密切

杨凭，字虚受，虢州弘农（今河南灵宝）人，唐代宗大历九年（774年）甲科状元及第，很有才干，在当时的文坛也比较有名气，新旧《唐书》中都有他的传记。他曾担任过太常少卿、湖南观察使、刑部侍郎等官职。

柳宗元9岁时，就号称神童，文才出众，杨凭很赏识他，把女儿许配给了他。贞元十二年（796年），柳宗元迎娶杨氏为妻。柳宗元跟妻子关系很好，可惜杨氏体弱多病，结婚仅仅3年，就不幸去世了。从此，柳宗元一生没有正式再娶。

在妻子去世后，柳宗元仍然和岳父杨凭保持着亲密的关系。元和四年（809年），柳宗元被贬永州时路过潭州（今湖南长沙），杨凭正好担任湖南观察使，治所就在潭州。柳宗元在潭州短暂停留，得到了杨凭的接待和照顾。

元和四年（809年），杨凭因为得罪权臣，在京兆尹任上遭到弹劾，定罪为贪污僭侈，被籍没家产，并被贬为临贺尉。他离开京城时非常凄凉，无人敢为他送行，只有曾被他提携过的徐晦独自为他送行，处境压抑苦闷。柳宗元认为杨凭是被人陷害冤枉的，非常同情他，写诗对他表示支持，还专门派手下胡要去临贺看望杨凭。后来又给他写信进行安慰。时间不长，杨凭就被调往杭州担任长史了。

元和七年（812年），杨凭因为朝廷大赦，罪名昭雪，被召回朝廷，任命为太傅，柳宗元很替杨凭高兴，写长诗向他表示祝贺，赞颂他道德高尚，才干突出，同时也表达了自己痛苦的处境，希望能够得到杨凭的帮助。杨凭是否曾对柳宗元给予援手，现在已经不能考证。不过，柳宗元的命运却并没有因此发生改变。

元和十二年（817年），杨凭去世，柳宗元为他撰写了祭文《祭杨詹事文》，表达了深切的悼念，并借此哀痛自己命运的不幸。

二 学术思想和造诣

柳宗元博览群书，才华卓越，他反对传统经学，以怀疑思辨的精神重新审视儒学经典，认为儒学要顺应时变，有补于世；主张采取仁政，实行大中之道。他否定传统的天命论，主张天人相分，认为蜡祭等祭祀活动其实不过是神道设教，而《月令》的实行则不应过于呆板，要根据具体情况来调整。他关注民生，抨击苛政，认为官员是公仆，应该为百姓谋福利，而且应该遵循客观规律来治理人民，不能让百姓疲于奔命。政治上的失意促使他在文学方面绽放出了夺目的光华，创作出了很多不朽的文学作品。他的山水文学充满诗情画意，又清冷幽远；传记文学刻画了社会底层；寓言小品体现了对社会和人生的思考。

1. 儒学成就

抨击俗儒，反对章句

唐代的儒学继承了汉代经学的传统研究方法，重视章句训诂，忽视了儒家义理的现实意义。孔孟创立儒学本来是实用的，是为了解决春秋战国礼崩乐坏的局面，但是在后人的传承中，却逐渐失去了这种立足现实、经世济民的精神，成了书斋里的学问，离生活越来越远。而佛道却通过描绘来世，让人们在现世生活中得到心灵的慰藉，再加上严密的理论体系和明确的实践指导原则，影响越来越大。

在这样的情况下，儒学必须变革。

儒学要变革必须从烦琐考证的经文训诂中解放出来，寻找儒学的灵魂，为现实生活指引方向，为人们提供道德实践指导。

这是中唐儒学面临的转折点。

很多儒学家认识到了这个问题，大声疾呼，身体力行，柳宗元就是其中非常活跃的一位，是"汉学"向宋学转变的关键人物。

应该怎样接受和传承儒学呢？柳宗元认为应该从两个方面着手。首先，儒学传承的是核心价值观，要抓住儒学的义理，不要过于拘泥字面意思的解读。另外，儒学最重要的是接地气，要跟生活实践结合起来。"辅时及物为道"，对现实生活帮助才是真正的儒道。

柳宗元认为只有把《诗经》《礼记》《春秋》中蕴含的道理运用在社会实践中，运用在具体事物上，才算是真正继承了儒学，这样才能真正称得上是儒学家，否则，光是读读儒家经典，考证一些字词，怎么称得上是儒学家呢？他的这番话直指当时社会上儒学研究的弊端，毫不客气，振聋发聩。

经过柳宗元和当时很多儒学家的不断努力，自中唐之后，儒学逐渐从章句之学向义理之学转变，开启了宋明新儒学的大门。

统合百家，怀疑思辨

柳宗元读书涉猎很广博，诸子百家等书都想办法弄到，认真研读。他认为墨家、法家、纵横家等诸子百家的书都有合理的地方，对解决现实问题都有一定的帮助。他专门考辨了《列子》《文子》《鬼谷子》《晏子春秋》《鹖冠子》等文章，见解独到，体现了深厚的学养和思辨精神。

这些积累使他在审视问题时，能够用一种截然不同的眼光进行解读，同时充满了怀疑思辨的精神。

柳宗元对儒学经典有自己的理解，他对经典内容并不盲目相信，更不盲目接受历代儒学家的诠释。比如，《国语》号称"《春秋》之外传"，地位几乎等同于六经，受到人们的推崇，但是柳宗元却写了《非〈国语〉》，抨击了《国语》，认为《国语》中有太多关于命数、卜筮、神怪、妖异的内容，柳宗元采用笺疏的办法，逐条进行了驳斥。

战国帛画《龙凤人物图》
1949年湖南长沙陈家大山楚墓出土。画面绘一侧身而立的细腰女子,双手合掌作祈祷状。她的上方绘一龙一凤,势若扶摇直上。据考证,画中的仕女为墓主人形象,帛画是葬仪中用以引导死者"灵魂升天"的铭旌,反应了当时人的命数思想

又比如流传很广的"桐叶封弟"的传说,历来都被人们认为体现了君主的言而有信,但是柳宗元却认为没有必要这样做。他认为君主最大的美德是行事妥当,如果不妥当,就应该更改,即使改10次都没问题,周成王跟弟弟玩时所说的本来就是一句玩笑话,仅仅因为这样就封弟弟为王并不妥当,君无戏言要看是什么情况。

小知识◎桐叶封弟

西周初年,周武王姬发去世。年幼的太子姬诵在周公姬旦的辅佐下继位,成为周成王。有一次周成王跟弟弟叔虞一起玩,他拿着一片梧桐叶子剪成圭形,递给弟弟,开玩笑说"这是我赐给你的'玉圭',我要把周下属的唐地赐给你"。这

本来是兄弟间的玩笑话，但是周公劝谏周成王说"天子无戏言"，结果周成王只好假戏真做，真的把唐地赐给弟弟做封地，因此叔虞又被称作"唐虞"。这件事也成为了流传千载的美谈。

讨论历史，借古讽今

柳宗元解读经典和历史时，非常注意和现实问题相结合，希望借古讽今，以此指导社会实践。比如关于国家的政治体制，采取郡县制好还是封建制好，自这两种制度产生以来，人们就在不断争论。

封建制就是"封侯建土"的政治体制，是人类社会早期采取的政治体制，比如周朝就分封了很多诸侯王，给他们很多土地和百姓。自秦始皇统一六国后，废除封建制，实行郡县制，建立了中央集权的政治体制。后代基本上沿袭了这一制度，但是每个朝代中都会出现一些类似封建制的现象，比如各朝君主常常分封皇室或者功臣，给他们土地或者部分地实行世袭制度，表示荣宠。这些分封的势力有的只是表面上具有封建制的形式，其实没有实权；但也有些权势比较大，造成了武装割据的局面。

在封建制和郡县制的争论中，很多儒学家秉承传统理念，认为封建制好，周朝就是采取了封建制，才出现了太平盛世；而郡县制则不好，秦朝正是因为实行了郡县制，才导致了灭亡。中唐时期藩镇割据，主弱臣强。藩镇把自己看成春秋时的诸侯国，更是鼓吹封建制，从中为自己寻找理论依据。

柳宗元针对当时的情况，通过对郡县制和封建制的历史比较，认为郡县制更有利于强化中央集权。他认为秦朝二世而亡是因为统治残暴，失去了民心，是执政出了问题，并不是制度不好，当时天下那么乱,却"有叛人而无叛吏",即使百姓造反,地方官员一般也不敢反叛,就是因为国家牢牢掌握住了中央集权。汉代遵循封建制,但是"有叛国而无叛郡",诸侯王纷纷作乱,而没有进行分封的郡县却比较太平,可见封建制的弊端和郡县制的好处。

圣人非神,明志可得

佛道思想深入人心,是因为简单易行,而儒教发展到唐代,却变得越来越高高在上,离人们的生活越来越远。圣人几乎被等同于神仙,道德修养似乎高不可攀。针对这种情况,柳宗元不断地去圣人化,消除圣人头上的光环。

传统的儒家思想,非常推崇"圣人",比如尧、舜等三皇五帝,以及后来的孔子、孟子等人,认为他们全知全能、先知先觉,近于神仙,是他们创造了世界,左右了历史。而柳宗元则肯定地说"然则伏羲氏、女娲氏、孔子氏,是亦人而已矣",其实伏羲、女娲、孔子等人,他们都是人,而不是神。

柳宗元还否定了圣人创世说,认为历史的发展只是自然的演进,并不是圣人决定的。他说人类早期时,在野外生存,因为受到风霜雪雨侵蚀,这才逐渐开始建造巢穴;因为感到饥饿,所以才懂得抓野兽吃,采果子和谷物吃;因为彼此逐渐产生

《伏羲女娲图》
唐代帛画,所绘为女娲和伏羲。在南方少数民族的传说中,人首蛇身的女娲与伏羲本是兄妹,大洪水过后,人类灭绝,这对兄妹婚配繁衍,世上才重新有了人类的踪迹

《先师孔子行教像》
唐代吴道子绘。孔子（前551～前479年），名丘，字仲尼，鲁国陬邑（今山东曲阜）人，春秋末期思想家、教育家，儒家的创始人，提倡"有教无类"与"因材施教"的教育思想

了利益之争，所以才制定法令。人类社会就是这么一点点走向进步的。

柳宗元认为圣人并不神秘，他们只是具备了"明"和"志"的普通人，"明"是聪敏，"志"是志向。要是把孔子的"志"和"明"拿走，那么孔子就是个普通人；把"志"和"明"给一个普通人，那么他就变成了孔子。圣人和普通人之间的区别其实就这么简单。因此，只要好好努力，一个普通人也能变成圣人。

小知识◎三皇五帝

三皇五帝是传说中夏代以前的帝王。史学家认为他们很有可能是远古部落的首领，因为实力强大而获得了推崇。关于三皇五帝到底都是谁，因为年代久远，无从考证，历来说法不一。其中比较普遍被人们接受的观点是:"三皇"是伏羲、神农、黄帝,而"五帝"是少昊、颛顼、帝喾、尧、舜。

否定祥瑞,仁政为本

"祥瑞"古代又称"福瑞",被认为是天意的表现,代表了帝王政治清明,统治出色。在古代社会,各个朝代都重视祥瑞,比如白鹿、灵芝等。哪个地方出现了一些稀奇的东西,地方官就会马上禀报朝廷,邀功请赏,讨好皇帝。到后来,甚至发展到没有祥瑞,也硬造祥瑞,导致朝廷迷信之说泛滥,很多地方的百姓也因此承受了更多的负担。

柳宗元对此不屑一顾,他认为皇帝的位子要坐稳还得依靠百姓;真正的祥瑞是实行仁政。否则,纵观历史,"未有丧仁而久者也,未有恃祥而寿者也",没有过不实行仁政,国家能长久的,也没有过光凭祥瑞,帝王就能长寿,国家就能长盛不衰的。一句话,所谓祥瑞都是骗人的,国家要长治久安,最关键的还得实行仁政。

柳宗元还举例子说鲁哀公、王莽时都曾发现了祥瑞,但是他们很快就灭亡了,因为他们不得民心,没有实行仁政;而商太戊、宋景公时都曾发现过不祥的征兆,但是国家却好好的,没出什么事,因为他们励精图治,施行德政。

他还举了一个自己身边的例子。唐代连山出产石钟乳,可是已经绝产5年了,结果柳宗元的姐夫崔简去那儿当刺史,才一个来月,石钟乳又出现了。有人认为这是祥瑞,说明崔简政绩出色,是上天的奖赏。但是负责采集石钟乳的"穴人"却说其实石钟乳本来就有,从来就没绝产过。只是因为采集过程太过艰辛,而前任刺史又过于贪婪霸道,辛苦采来的石钟乳,分文未收就被官府拿走了,所以穴人谎称绝产;

而新刺史比较廉明，能够按劳付酬，所以石钟乳又"出现"了。可见，祥瑞出现与否，完全取决于政治是否清明，而不是上天决定的。

大中之道，经权结合

当时社会上流行汉代以来"天人感应"的说法，认为富贵都是"天命"所归，柳宗元认为这些说法都不对，是"大惑"，太糊涂了。他根据儒家经典，提炼出一个词"大中之道"，作为他的核心思想。他认为宣扬儒学应该树立大中之道，抛弃天人感应这类糊涂学说。

那么，什么是大中之道呢？

"当也者，大中之道也"，所谓大中之道就是要举措恰当。

怎样才能做到举措恰当呢？

应该"经"和"权"相结合。"经"是做事的基本原则，"权"则是在非常情况下的变通。如果一味地坚持原则，不懂变通就是顽固保守；如果总是毫无原则地变通，那就背离了正道。这两者都非常重要。

因为社会在不断发展，事物在不断演变，在变化的情况下，只有根据实际情况不断调整改变，才能真正坚持原则。因此，权变是实现原则的根本途径，这也就是改革的重要意义所在。而变通不能随便变，不能瞎折腾，必须遵循一定的原则，因为这是进行变革的根本目的。

柳宗元说只知道"经"不知道"权"的人，并不是真的懂"经"；只知道"权"却不知道"经"的人，并不是真正懂"权"。只有对这两者都真正理解，并且在现实中恰当实践的人，才能够做到"当"，也就是行事恰当，实现大中之道。

汉帛画《升天图》
1972年出土于湖南长沙马王堆一号汉墓。在当时称为"非衣",是出殡时张举的铭旌。帛画的构图分为天上、人间、冥府三部分。天上部分取"下"形的横幅面来表现,绘有金乌、蟾蜍、蝎龙、翼龙和天堂的守门神"帝阍"等;人间部分则描绘了年迈的妇人即墓主人拄杖而立,有三个侍女陪同,在众家人的祭奠中,正告别人间,缓缓升天;冥府部分则绘有巨人站在鲸鲵之上托举着大地,是汉代人们天人观念的反映

笃信佛教,精研佛理

在柳宗元身上,存在着这样一种矛盾的情况,他虽然是儒学家,却也是一个虔诚的佛教徒。比如,他有个女儿叫和娘,得了重病,柳宗元不求医问药,却寄希望于佛教。他给女儿改名叫佛婢,意思是佛祖的侍女,希望通过拉近跟佛祖的关系,让佛祖治好女儿的病。结果,和娘的病还是没有好转,柳宗元不但不醒悟,反而变本加厉,竟然让女儿削发为尼,干脆直接当了尼姑。这一切当然无济于事,和娘最后病死在永州,年仅10岁。

柳宗元对佛教的笃信从中可见一斑。

柳宗元信奉佛教除了受到当时社会上信佛潮流的影响，可能跟他的生活环境也很有关系。他父亲曾外放洪州做官，那里佛教极为兴盛，柳宗元也耳濡目染，从幼年就开始习佛，接触佛理佛法。岳父杨凭也信佛，一些师友如陆贽、李华、梁肃等也都具有儒、释调和的立场。

最重要的是，柳宗元仕途坎坷，半生沉沦，特别是被贬永州后，他寄住在佛寺，思想苦闷，精神痛苦，自然就要向佛教中寻找安慰。

不过，正是因为柳宗元笃信佛教，所以他结交了大量僧侣，并且潜心阅读了大量佛教经典。这为他统合儒、释奠定了坚实的理论基础。这种情况在当时并不多见，因为大部分人信奉佛教，只是在生活中奉行简单的信条，期待来生，对理论并不重视，深奥的佛家经典著作，很少有人问津。

小知识◎洪州禅

洪州禅，又称洪州宗，跟石头宗并称为唐代禅宗两大派系之一。始于南岳怀让禅师，但是实际建立者是洪州的马祖道一法师。马祖道一自从唐大历（766～779年）中期一直在洪州（今江西南昌）传法，直至死去。因此，这一派被称为"洪州禅"。

洪州禅富有变革精神，在传统"即心即佛"基础上，提出"非心非佛"，主张"平常心即道"。同时简化了烦琐的佛教形式，不采取坐禅、读经等方式，而是主张在日常生活中顿悟佛法。在接引弟子时，常采用隐语、动作，甚至喝骂、捶打等方式促使人参悟。

马祖道一像

马祖道一,俗姓马,汉州什邡(今四川什邡市马祖镇)人。唐代著名禅师,开创洪州宗,谥号大寂禅师。马祖道一门下法嗣有139人,以西堂智藏、百丈怀海、南泉普愿最为闻名,号称"洪州门下三大士"

援佛济儒,兼收并蓄

柳宗元精通儒、释经典,正是在深入阅读的基础上,他认为二者是相通的,佛教"不违且与儒合",不但跟儒学理念不违背,而且是非常契合的;"不与孔子异道",跟孔子说的是一回事。比如,佛教传入中国后,进行了改良,倡导"孝道",儒家也倡导"百善孝为先",这方面二者具有共通点。

而且柳宗元很欣赏佛徒们高洁的品格,"凡为其道者,不爱官,不争能,乐山水而嗜闲安者为多",柳宗元认为很多佛徒不贪慕做官,不爱炫耀自己的才华,只是忘情山水、安贫乐道;而社会上很多人却整天汲汲于名利,一心想着升官发财,跟他们比,这些佛教徒更符合儒家"安贫乐道"的精神。

因此,柳宗元认为,不能笼统地反对佛教,而应该吸收佛教中有

《维摩诘图》
甘肃敦煌莫高窟103窟壁画,旧传为吴道子所作。描绘维摩称病在家,佛祖派遣文殊师利等弟子去看他,维摩宣扬大乘教义的场面。这是唐代描绘同一题材的作品中最生动传神、最具代表性的一幅,表现了唐代的佛教信仰

益之处。他说韩愈排佛是"忿其外而遗其中,是知石而不知韫玉也",只看表面,不了解佛教的本质,只看到了佛教的糟粕,没有看到其中的精华。佛教思想的影响,使柳宗元进一步拓宽了眼界和视野,对他的政治观念、文学观念等都产生了深刻的影响。

小知识◎佛教的"孝"

"孝"是儒家倡导的重要美德之一。佛教刚传入中国时,因为提倡要"出家",离开家,抛弃父母妻儿,断绝七情六欲,违背了儒家义理和传统道德,受到了强烈的批评指责。后来,佛教迅速和中国本土文化相结合,把"孝亲"思想作为核心精神之一。在传译佛经中,大力弘扬目连救母的故事、

地藏菩萨超度母亲的事迹等,还出现了一些著名的"孝僧"。这些改变使佛教更加符合中国人的社会心理,从而推动了佛教在中国的传播。

2. 哲学思想

否定天命,造势改革

古代社会一般都宣传君权神授,皇帝的权力和地位都是上天赋予的,是天意所归,这就是传统的天命论。因此,即使皇帝昏庸无能,也必须拥戴;即使皇帝的命令不合情理,一般也不能违背。

面对种种不合理的存在,柳宗元和他的同道希望能够进行变革。

改革需要舆论支持,想变革就必须先否定天命论。

天命论存在了多年,想否定它,并不容易。

柳宗元并不是为了否定而否定,他的生活遭遇,他日常生活中接触的人和事,也使他发现了天命论的荒谬。因为人们常说善有善报,恶有恶报,但是柳宗元发现现实却是善者未必长寿和富贵,而恶人却往往寿终正寝、富贵长久。因此,柳宗元相信"苍苍之无信,漠漠之无神",这个世界根本就不存在鬼神,否则不会任凭这种不合理的现象存在。

那么，为什么儒家流传下来这么多神话和圣人传说呢？

柳宗元认为古人之所以说起上天神明，"盖以愚蚩蚩者耳，非为聪明睿智者设也"，根本目的在于迷惑愚昧无知的人，并不是给聪明睿智的人准备的。那些装神弄鬼的事，并不是圣人的本意，圣人的根本目的在于对人事有帮助，只是后人没有领悟到圣人的深意罢了。

通过这样的方式，柳宗元假借圣人行道，既没有否定儒家学说，又从各个方面质疑了天命、鬼神的存在，肯定了人的主观能动性，阐明了变革的重要意义。

回答天问，探寻真相

屈原是战国时代楚国的诗人、政治家，他曾经写了一首哲理诗《天问》，这首诗顾名思义，是屈原对于上天的疑问，也就是关于天文、地理、宇宙、自然等传统认识的疑问。他这首诗写得很长，洋洋洒洒，一共问了170多个问题，对人们习以为常的现象刨根问底地怀疑了一遍，充满了对权威的质疑，鲁迅曾经评价这首诗"放言无惮，为前人所不敢言"，说话非常大胆，都是前人不敢说、不敢问的。

历代人们读到这篇作品，自然非常惊叹欣赏，但是却从来没有人真的去回答它，或者即使想过，也没有写出来。而柳宗元却写出了《天对》，逐一回答了屈原的疑问。《天对》中蕴含了深刻的思想观念和价值体系，直接体现了柳宗元的知识素养和理论水平。

比如，屈原问："曰遂古之初，谁传道之？上下未形，何由考之？"意思是说远古宇宙形成的情况，是谁传播下来的？当时天地还没有成形，后人是怎么考察的？柳宗元回答得很干脆："本始之茫，诞者传焉。鸿灵幽纷，曷可言焉。"意思是说关于宇宙开端的说法，都是骗人的，

屈原像
屈平（约前340～约前278年），字原，通常被称为屈原，战国末期楚国丹阳（今湖北秭归）人。屈原虽忠心耿耿辅佐楚怀王，却屡遭排挤。怀王死后，顷襄王听信谗言，屈原遭到流放，最终投汨罗江而死。屈原是伟大的浪漫主义诗人之一，代表作品有《离骚》《九歌》等

流传下来的所谓神灵的事迹，根本不值一提。

从艺术性上来看，柳宗元的《天对》或许无法跟《天问》相比，但是《天对》充满了理性精神和怀疑精神，不相信虚妄的传闻，而是根据当时自然科学的发展情况，通过严密的逻辑推理，对事情进行尽可能严谨的判断。虽然也有一些错误，但是其中很多回答与现代科学的研究结果非常接近，令人吃惊。

小知识◎盘古开天辟地

盘古神话是最古老的创世神话之一。盘古是中国古代传说中开天辟地的神。传说很久很久以前，天地并没有分开，而是像个大鸡蛋一样是一团混沌。而盘古就生在这个"鸡蛋"中。他在里面睡了18000年后，开始用自己的身体撑开天地，促使天地分开；要是天地间没有完全分开的地方，他就用斧子劈开。盘古每天长高一丈，这样又过去了18000年，天地

才完全分开,同时清气上升,成为天空,浊气下降,成为大地,终于完成了开天辟地。

盘古死后,全身都变成了天地间的万物:左眼变成了太阳,右眼变成了月亮,头发和胡须变成了夜空的星星,他的身体变成了东、西、南、北四极和著名的三山五岳,血液变成了江河,牙齿、骨骼和骨髓变成了地下矿藏,皮肤和汗毛变成了大地上的草木,汗水变成了雨露。

天人相分,功者自功

天人关系是古代哲学永恒的命题,先秦时期曾经引发过热烈的讨论。从汉代开始,"天人合一"理论因为符合了统治者理论造势的需要,逐渐占了上风。只有少数思想家仍然坚持"天人相分"的观点,比如先秦的荀子、汉代的王充,柳宗元也是他们中的一员。

所谓"天人相分"是一种唯物主义的观点,认为上天只是自然存在,而人类具有自己的主观能动性,所谓神明、灵异等都是无稽之谈。

柳宗元认为"功者自功,祸者自祸",无论遇到好事还是灾祸都是因为个人原因导致的,并没有神明在背后操控。一切事物的发展都是遵循一定规律的,遵循规律就会成功,否则就会失败。生产种植要遵循自然规律,各种天灾也是自然现象,它们都属于"天"的范畴;而制定法律和违背法律的行为则是人类实践,属于人的范畴。这两者具有不同的本质,"天""人"是彼此分离的,同时又是并行不悖的。

关于天人关系,柳宗元和韩愈、刘禹锡等人讨论了很多次,互相取长补短。特别是刘禹锡,既是柳宗元生活中的挚友、事业上的同事,又是理论上的同道,两人都坚持天人相分的观点,只是就一些具体问

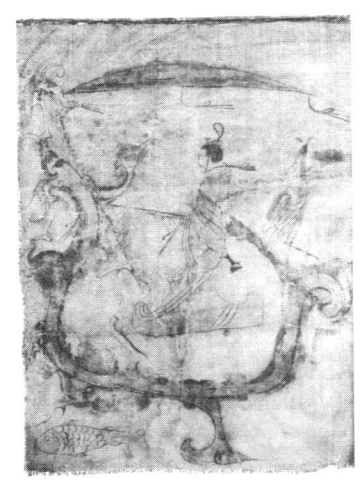

战国帛画《人物御龙图》
1973年湖南长沙子弹库一号战国楚墓出土,是一幅描绘墓主人御龙升天的铭旌。帛画中的男子驾驭飞龙,遨游天宇,飘飘然迎风而行,反映了汉代的天人观念

题存在一些分歧。他们的争论激发了彼此思想上的火花,进一步推动了彼此对这个问题的认识,可以看作是中国思想史上关于天人关系问题的一次总结,创造了中国思想史上的一个高峰。

小知识◎天人合一

"天人合一"的思想概念最早是由庄子阐述,后被汉代儒学家董仲舒发展为"天人合一"的哲学思想体系,并深刻影响了后世。但是跟后代认为"天人合一"就是"人与自然的和谐"不同,当时的"天人合一"观念主要是认为"天"有意志,天意支配人事,人事体现天意,同时人事能够感动天意,因此两者是合为一体的。天是天命之天,主宰着人和国家的命运,赋予人吉凶祸福,也赋予人们仁、义、礼、智的本性。人们应该敬畏和侍奉天,天和人之间存在一定的感应关系。

蜡祭无用,神道设教

当时朝廷每年都有祭祀活动,柳宗元曾担任御史里行,负责过这方面的工作。其中有一种祭祀叫"蜡祭",就是每年冬末寅日在南郊祭祀百神的典礼,百神包括神农、后稷以及五岳、四海、四镇、四渎等187位神明。但是对百神的祭祀并不是无条件的,当年收成不好地方的神明,就惩罚他们,不给他们祭祀。

这种祭祀看起来赏罚分明,其实非常荒诞。柳宗元看到朝廷每年耗费大量人力、物力做这样的事,觉得徒劳无功,忍不住写了《蜡说》。

但是蜡祭是历代朝廷的一种传统,自古就有,也是儒家倡导的礼制之一。否定蜡祭就等同于否定儒家礼教,因此,柳宗元并没有完全否定蜡祭的存在。他认为"非于神也,盖于人也",以前圣人设立蜡祭,并非是为了祭祀神明,而是为了告诫各地官员。收成不好是天灾,但是如果出现统治残暴、昏庸等问题,则是人祸。出现天灾,要惩罚神明,那么出现人祸,则应该惩罚当地官员。这才是当初圣人设立蜡祭的本意,也就是所谓"神道设教",通过祭祀仪式对官员、百姓起到教化作用。

后稷像

后稷,周始祖,名弃,曾经被尧举为"农师",被舜命名为后稷。善于种植各种粮食作物,教民耕种,被认为是开始种稷和麦的人,是远古时代领导农业生产的领袖人物

但是蜡祭在传承过程中渐渐变了样,只保留了祭祀的外壳,却失去了祭祀的内涵。柳宗元认为要是能够吸取教化的本质,即使废除蜡祭这种仪式也是可以的,否则,只剩下了迷信荒诞,就太可悲了。

《时令》荒谬,顺道得天

在古代农业社会中,生产、生活按照时令行事是非常重要的,也是朝廷的大事之一。《月令》就是这样一部重要的国家级法令,从汉代开始,几乎历代君王都遵照《月令》行事。唐代时改称《时令》。

就是这样一部经典传承的《时令》,柳宗元却发现其中存在着严重问题。他认为有些事情应该按照时令进行,比如农业生产等需要顺应季节的活动;但是有些事情不应该遵循刻板的时令限制,比如选举人才、执行法律等活动。而《时令》却笼统地对这些事情都做了硬性规定,这显然是不符合客观规律的。

比如《时令》规定孟春之月不能改变天道地理,柳宗元反驳说:这么说过了孟春之月就可以了吗?这种规定本身在逻辑上就有问题,不正确的事不分时令都不能做,根本没有必要这样僵化地规定下来。《时令》还规定,孟秋之月应该审断决狱,明正刑罚。柳宗元认为这种做法也不合理,断案刑赏应该随时解决,出现一件解决一件,如果按照时令进行,那么根本起不到法律应有的作用。

不遵循《时令》,应该遵循什么呢?柳宗元认为"顺时之得天,不如顺人顺道之得天也",与其顺应所谓的时令,谄媚本来并不存在的神明,不如顺应人心和事物发展规律,这样才能真正获得良好的结果。

小知识◎《时令》的变迁

  《月令》是根据一年12个月的时令，结合五行相生的理论，对于国家生产、祭祀、法令等事宜的禁忌和安排。《月令》源于战国时阴阳家的一篇著作，其中把自然节气跟五行观念结合起来，指导生产和生活。《吕氏春秋》全文收录，并且把《十二纪》作为全书的总纲。汉代儒学家据此编写成《礼记》中的《月令》。《月令》属于国家法典，是"天人感应"说的体现。人们认为顺应《月令》就能得到福佑，违背《月令》就会遭到报应。魏晋之后，《月令》越来越受到重视，朝廷有专门宣读它的礼仪。唐代进行了重新刊定，并且改名为《时令》，作为国家基本法令来执行。

3. 政治思想

重视生人,批判苛政

"生人"即百姓,柳宗元非常重视民生问题,他认为圣贤们做事,总是考虑如何对百姓有利;"仕虽未达,无忘生人之患",虽然仕途不顺,官职不高,但是也不能忘记民生疾苦,应该造福百姓。

但是现实情况却是,这样的情况太少了,很多地方官员横征暴敛,民不聊生。

柳宗元在永州做官时,发现有这样一家人,他们一家三代都靠抓捕毒蛇为生,祖父和父亲先后因此惨死,现在的捕蛇人也多次差点送命。但是他却没有转行,仍然继续从事这个职业。柳宗元很奇怪,询问原因,捕蛇人说因为干这个不用纳赋役、交租税,虽然危险重重,可是跟一般的百姓比,还算好的。

为什么这么说呢?他给柳宗元算了一笔账,一般的百姓常常因为交不起租税而家破人亡。以前跟他祖父生活在一起的邻居,现在剩下

《宋高宗加封文惠昭灵侯敕》碑

此碑在广西柳州柳侯公园柳侯祠。1125年,宋高宗对曾经开发南方边陲有功绩的柳宗元予以"加封",对柳宗元只求功德在民、不求死后虚名的精神给予了高度的赞扬

不到十分之一;曾跟他父亲生活在一起的邻居,现在剩下不到十分之二三;曾跟他生活在一起的邻居,现在剩下不到一半,不是死了就是搬走了。这么比较看,交租税还不如捕蛇好。

可见当时的赋役多么繁重,百姓宁可冒着被毒蛇咬死的危险,也不愿过缴纳苛捐杂税的日子。柳宗元通过亲身经历,深刻体会到民生疾苦,非常同情百姓的遭遇。他把这件事写成了《捕蛇者说》,热切地呼吁朝廷改善民生,拯救万民于水火。

官为民役，以人为本

柳宗元认为做官应该"有补于万民之劳苦"，应该解救民生疾苦，这是官员们的责任之一。因为，"夫为吏者，人役也"，所谓官员，其实是百姓的公仆。柳宗元还打了个比方说，要是家里雇佣了一个仆人，拿了钱却不爱干活，还偷家里的东西，那么雇主肯定大发雷霆，解雇他，惩罚他。但是现实生活中，很多官员像这个仆人一样，百姓供养着他们，他们却不为百姓做事，还贪赃枉法；面对这种情况，百姓却敢怒不敢言，逆来顺受。这不是太不公平了吗？

柳宗元还把官员比喻成盖房子的木匠。木匠手中有绳墨，用这个来测量和设计房屋，该高的高，该低的低；按木匠的设计建房子，房子就坚固，不按他的设计建房子，房子就会坍塌。而官员跟木匠一样，手中执掌法律，该赏就赏，该罚就罚；法律制定和执行得好，就会国泰民安，否则就会民不聊生。

而且，官员和木匠一样，责任重大。木匠没设计好房子，房屋就会坍塌，而官员没设计执行好法令，社会就会不安定。因此，官员应该有才者居之，没有金刚钻就不能揽瓷器活，否则，就会祸国殃民；没有才干的官员，应该隐退远去，给贤人让位。

小知识◎《梓人传》

《梓人传》是柳宗元的著名作品之一。有个人叫杨潜，他说自己是御用木匠之一，拿的薪酬是普通木匠的三倍；要是没有他,整个建筑队就建不成房子。但是他却没有木匠常用的那些斧子、刨子之类的工具,只有度量长短、方圆、曲直的工具。而且他自己的床坏了一个床脚,他竟然请别的木匠来修。开始柳宗元认为他是个没什么本事的人。后来有一天,竟然发现他带领一班人正在修建京兆尹府,所有的木匠都听他指挥,管理得井井有条。柳宗元大为赞叹,认为官员管理国家应该跟这位木匠一样,应该抓住全局要领,不要对任何事都亲力亲为,面面俱到。

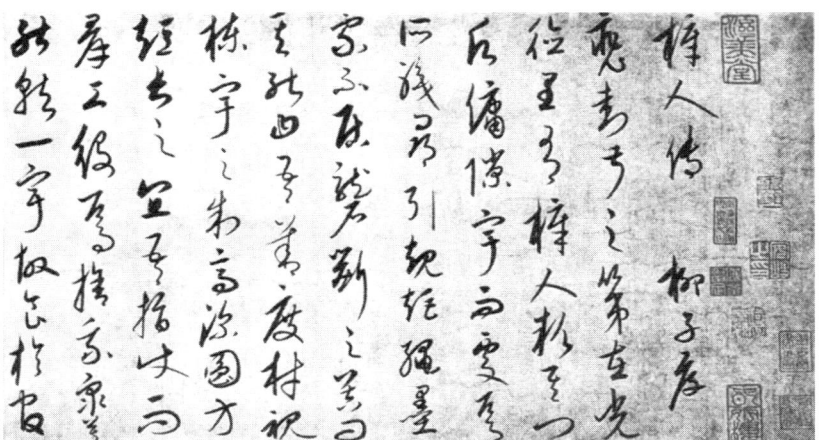

草书《梓人传》
元代康里巎巎草书。康里巎巎,字子山,号正斋、恕叟,元代著名书法家,善行草,与赵孟𫖯齐名。草书《梓人传》笔法精道,自然流畅,传承有序,获得了后世无数美誉

顺天之性，使民自利

那么，怎样做一个好官呢？

只是想当然地做官是不行的。要真正造福百姓并不容易，必须遵循客观规律，否则，仅仅凭着一腔热血去做官行政，反而会适得其反。

柳宗元讲过这样一个寓言，有个种树的人叫郭橐驼，他很擅长种树，只要是他种的树，没有不活的，而且枝繁叶茂，结的果子比别人的又早又大又多。别人问他有什么秘诀，他说就四个字："顺木之天。"也就是尊崇树的自然天性，该培土培土，该浇水浇水，然后就不必过分管理。而有些人对树木过于重视，浇水、培土什么的太勤，早上看、晚上看，时不时地弄下块树皮看看死活，摇摇树看看疏密，说是爱树木，其实反而害了树木。

柳宗元借这个寓言说当官跟种树一个道理，官员对百姓也应该像郭橐驼种树一样，给人们休养生息的时间。不能"好烦其令"，老是给百姓下各种命令，告诉他们今天该种地了，明天该织布了，结果百姓疲于奔命，应付官差，哪有时间好好耕种呢？因此，官员应该"不亲小劳"，不能事无巨细什么都管，否则就是南辕北辙，事与愿违了。

柳宗元认为造福百姓有两种方式，一种是"利民"，一种是"民利"。"利民"是从上到下推行的仁政，是政府给予百姓的；而"民利"是自下而上的，是百姓自发的，根据自身情况创造性地谋取自身利益。俗话说"授人以鱼不若授人以渔"，直接给别人鱼，不如教给他打鱼的方法；与其直接给百姓东西，不如教化百姓，为他们提供谋福利的条件和空间。显然，"民利"的方式更好，是可持续发展的。官员应该尽量创造条件，不骚扰百姓，让百姓"自利"。

抨击藩镇，颂扬忠良

中唐时期，藩镇横行、宦官专权的现象很普遍，这直接威胁到国家的安定和统一。柳宗元立场鲜明地进行反对，他积极参与的永贞革新，就曾采取了削弱藩镇、处置宦官的措施；除此以外，他还大声疾呼，积极宣传自己的主张。

当时朝廷有个太尉叫段秀实，朱泚叛乱时，他非常气愤，在朝堂上用手中的笏用力击打朱泚，最后英勇牺牲。柳宗元对他非常钦佩，专门搜集他的一些"逸事"，提供给当时做史官的韩愈，希望能传扬他的美德。当时还有个人叫韦道安，他是节度使张建封的下属。贞元十六年（800年），张建封死后，他的部下发生叛乱，而韦道安拼命劝阻，但是人单力薄，无济于事，所以自杀明志，对叛乱表示抗议。柳宗元特意写了《韦道安诗》，赞扬了他的义举。朝廷的几次"削藩"战争，柳宗元即使在贬谪任上，也非常关注，撰写了大量诗文，进行声援和赞颂。

柳宗元还苦苦思索解决藩镇问题的方法，写了《辩侵伐论》，借古讽今，通过演述《春秋》，讨论侵伐，表明对现实问题的看法。他认为对于残害国家的力量，必需进行讨伐。但是讨伐不能盲目，应该做好三项准备。"一曰义有余，二曰人力有余，三曰货食有余"，首先要在道义上占优势，师出有名，其次要有充足的人力，最后还要有充足的物力保障。这些看法很有见地，也比较切合实际。

反对宦官，立场鲜明

当时宦官很受皇帝信任，他们不但可以左右皇帝，参与朝政，而且还握有实权，被皇帝任命为朝廷禁军的统帅，还被外派到各地监军。宦官集团还跟藩镇互相勾结，形成了庞大的势力，不但可以决定官员的任免，甚至能够决定继承皇位的人选，弑杀皇帝，再立新君。

当时有个宦官叫薛盈珍，负责在节度使姚南仲那里监军。但是他却不顾事实，陷害污蔑姚南仲，并且写了封密信，派手下进京给德宗。这件事不知怎么走露了风声，被姚南仲手下的一个牙将曹文洽听说了。曹文洽追上并杀死了薛盈珍的手下，然后给德宗写了封奏章，替姚南仲申冤，最后自杀身亡。而德宗竟然偏听偏信，仍然重用薛盈珍，贬了姚南仲。一时间舆论哗然。正是在这样的情况下，柳宗元写了《曹文洽韦道安传》，真实地记录了这一事件，揭露了宦官的罪行。

柳宗元还通过评论史实，表达自己对宦官专权的不满。《左传》中记载宦官勃鞮建议晋文公任命赵衰担任原守，应该说，这个建议是比较公允的。但是柳宗元却对这件事进行了抨击。他认为一个国君任命大臣，不在朝廷上进行公议，却在私底下决定，不跟文武百官商量，却只跟一个宦官讨论，这样的任命程序是有问题的。即使赵衰本身适合担任这个职务，这种方式也不妥当，为后世宦官干政埋下了隐患。

在当时宦官气焰熏天的时候，柳宗元能写出这类诗文，表现了他不畏强权，追求正义的精神。

小知识◎晋文公问原守

　　鲁僖公二十五年（前635年），晋文公获封南阳的樊、温、原等地。他想给"原"这个地方派个地方官，但是派谁去呢？他拿不定主意，所以就问身边的宦官勃鞮。结果勃鞮说当年您逃亡时，是赵衰追随着您，为了让您吃饱，他自己宁肯饿着肚子，也不吃东西。言下之意，这么忠心的大臣应该重用。晋文公最后真的采纳了勃鞮的建议，任命赵衰当了原守。

4. 文学思想和成就

文以明道,反对浮靡

柳宗元对"文章"的认识经历了一个过程。他年轻时写文章并没有那么多宏大的抱负,写文章时比较重视文辞,觉得文辞精彩就是好文章。随着阅历成熟,才逐渐坚定了通过写文章弘扬儒家义理的信念。他在朝为官时,通过写作宣扬变革思想;而被贬谪后,更是把写作当成传承千秋的不朽功业,希望通过写文章,实现人生价值。

而当时文坛流行的是骈体文,文风逐渐流于浮靡,不能表现丰富的社会生活,实现"明道"的理念。因此,柳宗元跟韩愈等人,大力倡导古文,打着复古的旗号,宣传文体革新,提倡学习先秦两汉的文章,弘扬儒道,成为了古文运动的领袖。

最能体现柳宗元"文以明道"思想的是论说文,因为论说文最适合表现柳宗元对历史、政治、社会、人生、文学等方面问题的思考。他的议论文往往思想深刻,语言简明,说理透彻,独出心裁,《贞符》

《封建论》《非〈国语〉》《送薛存义序》等是他的代表作。

柳宗元开拓出散文艺术的新局面，他写的文章题材多样，造诣不凡，除了政论文以外，人物传记、游记散文、寓言等文体在他的笔下重新焕发出生机和活力。

诗歌创作，淡而实美

柳宗元的诗歌继承了山水田园诗派的风格，高简闲淡，是诗歌史上的大家。他虽然一生坎坷，但是不幸的经历却磨砺了他的诗歌，他的很多优秀作品都是贬谪之后创作的。

他的诗歌淡雅闲远，让人读后似乎能暂时脱离开世俗的生活，进入一种物我两忘的境地。比如诗句"鹤鸣楚山静"，描写寂寥的山中，时有鹤鸣，更显清静；"黄叶覆溪桥，荒村唯古木"，描写小溪的桥上落满黄叶，无人清扫，荒凉的山村中，只有参天古木在茁壮成长。语言简练，却别有韵味。

柳宗元诗歌中的景物常常高洁美好，在很大程度上继承了屈原在《离骚》中用芳草美人进行比兴的风格。柳宗元曾说自己"投迹山水地，放情咏《离骚》"，他热心改革却遭到贬谪，和屈原有相似之处，这使柳宗元自觉学习骚雅诗风，描写秀丽的山水、芬芳的草木，寄托自己的情怀，比如描写荷花、修竹、橘树，描写花草有"贞根""丽影""芳本"等。

柳宗元通过诗歌表现了自己的贬谪生活，游山玩水，栽花种树，读书咏史。看起来似乎充满了诗意，但其中却饱含着无奈、辛酸、愁闷和悲愤。他说"升高欲自舒，弥使远念来"，登山望远是为了舒解心中的郁闷，不让自己思念故土和帝京，让自己忘记烦恼。然而，却总是"去国魂已游,怀人泪空垂",无法割舍贬谪南荒的痛苦,不能不牵挂亲友,只能独自流泪伤悲。

山水文学,诗情画意

柳宗元在贬谪之后,便寄情山水。在永州和柳州做官时,踏遍了辖境内的奇山异水。他在《永州八记》中说自己有空的时候,就悠闲地出去游玩,跋山涉水,寻芳探胜,凡是永州山水美丽的地方,没有没去过的。

游赏过后,柳宗元创作了大量山水散文和山水诗,记录美景和自己的见闻,比如在贬谪永州期间写了著名的《永州八记》,是包括钴𬭁潭、小石潭等永州八处美景的游记;而《南涧中题》《秋晓行南谷经荒村》《夏初雨后寻愚溪》等都是记游山水的名篇。

其中,《永州八记》写得非常优美,几乎篇篇都成了经典。比如《钴𬭁潭西小丘记》中说"山之高,云之浮,溪之流,鸟兽之遨游,举熙熙然回巧献技,以效兹丘之下",高山矗立,天高云淡,鸟儿在空中盘旋,野兽在地上游逛,好像在为游客表演。

在柳宗元的笔下,这些山水动物好像都有了灵性,在这样的氛围中,人们会渐渐融入其中,忘了物我之分,达到了天人合一的境界。

柳宗元在这些游记中反复说自己在游玩时多么快乐,但却总是让人在背后读到浓重的悲凉。他记游的很多地方,大都罕有人至,阴冷凄清。《江雪》中是"千山鸟飞绝,万径人踪灭",茫茫天地,看不到人迹,连鸟的影子都看不到,一片寂寥;《小石潭记》中的小石潭"寂寥无人,凄神寒骨",一个人都没有,坐在那儿觉得寒意刺骨,内心凄凉。这些景物跟柳宗元一样,成了被遗忘的角落。

柳宗元《江雪》诗意图
明代宋旭绘。这幅画画出了《江雪》中"千山鸟飞绝,万径人踪灭。孤舟蓑笠翁,独钓寒江雪"的凄清的意境

小知识◎《至小丘西小石潭记》

《至小丘西小石潭记》又称《小石潭记》，是柳宗元著名的《永州八记》之一，描写了小石潭的优美的景致，表现了柳宗元的忧伤凄苦，语言简练，意境优美。比如其中写小石潭里的鱼，"潭中鱼可百许头，皆若空游无所依。日光下澈，影布石上，怡然不动，俶尔远逝，往来翕忽，似与游者相乐"。水中的鱼有近百条，因为潭水太清了，鱼儿好像在空气中游动一样，阳光照下来，鱼儿的影子印在潭底的石头上，有时一动不动，有时又忽然游到远方，来来回回，好像在跟游客嬉闹一样。

传记文学，刻画底层

人物传记是我国文学史上的一种传统体裁，不过一般主要是给帝王将相做传，或者是给对历史上非常卓越的人物立传，比如《史记》中有《陈涉世家》《游侠列传》，《后汉书》中有《烈女传》，等等。一直到唐代，给普通百姓写的传记，都数量不多。

而柳宗元是我国历史上给普通百姓大量写传记的第一人。

之前韩愈写过《圬者王承福传》，描写了一个普通的劳动者，具有开创意义，可惜只写了这一篇。而柳宗元则写了好几篇，包括《宋清传》《童区寄传》《梓人传》《种树郭橐驼传》《捕蛇者说》等，数量比较多，质量也比较高。

柳宗元笔下的人物有卖药的，有放牛的，有木匠，有种树的，还有捕蛇的，都是社会底层的劳动者，他们的日常生活就是当时普通百姓生活的缩影。比如《捕蛇者说》中，写到官府到捕蛇人的村子收租税，差役们到村子之后，大声喧哗，横征暴敛，搅得百姓不安，鸡飞狗跳；《童区寄传》中写光天化日就有人抢掠小孩，公然在集市上贩卖。这些均揭示了底层百姓痛苦的生活境遇。

这些传记还表现了普通百姓身上的闪光点，比如《宋清传》写宋清卖药却不唯利是图，即使来买药的人没钱，也会先赊给他们，只要写一张欠条就行；而且每年年末，估计着哪些人可能还不起，就干脆烧掉一些欠条，卖药40年烧掉了数百张欠条。

这些人物传记篇幅都不长，但是笔下的人物却栩栩如生，因为柳宗元善于抓取一些细节，注意通过关键语言来表现人物特征。比如《种树郭橐驼传》中写到郭橐驼本来有名字，但是因为身体有些残疾，是个驼背，所以乡里人就给他起了外号叫"郭橐驼"。郭橐驼听后，并不生气，还说"这个名字挺好，正适合我"，干脆就不再提自己的本名，从此自称郭橐驼。这些叙述很好地表明了郭橐驼随遇而安的个性，也为下文描写他种树采用"顺天之性"，遵循自然规律种树，巧妙地做了铺垫。

小知识◎《童区寄传》

《童区寄传》是柳宗元人物传记的代表作之一，写柳州有一个放牛的孩子区寄，一天不幸被两个强盗劫持了。区寄一开始假装很害怕，让盗贼们觉得他不过是个胆小的孩子，放松了警惕，喝得大醉。后来一个强盗去市场交涉买卖，另一个则醉得不省人事，区寄趁机磨断绳索，杀了那个强盗。可惜还没逃远，又被返回的强盗抓住了。强盗本想杀了区寄。结果区寄说"给两个人当奴仆，怎么比得上给一个人当呢？他对我不好，你只要对我好，我随你处置"，晓之以情，动之以理，说动了强盗，暂时获得了安全。半夜，区寄趁强盗睡觉，用火烤断了绳子，又杀死了第二个强盗，然后大声呼救，有勇有谋，在当地很轰动。

寓言小品，别开生面

寓言在我国很早就产生了。春秋战国时，诸子百家为了使自己的学说通俗易懂，常常采用寓言说理的办法，比如庄子、韩非子等。不过，当时寓言只是作为片段出现在文章里，还没有形成独立的文学形式。

庄子像
庄子（约前369～前286年），战国时期著名思想家、哲学家、文学家，是道家学派的代表人物，老子哲学思想的继承者和发展者，先秦庄子学派的创始人

直到唐代，柳宗元创作了大量寓言体散文，数量众多，成就突出，影响深远，使寓言体取得了独立的地位，在寓言文学史上具有里程碑式的意义。这些寓言大都是他贬谪之后创作的，通过寓言隐晦地表达了自己对社会和人生的思考，并且结构精练，言简意赅，通俗易懂，赢得了后世文坛的称赞。比如柳宗元曾经写过三篇寓言，合称《三戒》，用麋鹿、驴和老鼠的故事，讽刺世道人心，警诫自己。宋代文豪苏轼曾经模仿《三戒》，用河豚、乌贼创作了两篇寓言，并且坦

苏轼像
苏轼(1037～1101年),字子瞻,又字和仲,号东坡居士,北宋著名文学家、书画家,眉州眉山(今属四川)人。文章与欧阳修并称"欧苏",为唐宋八大家之一;诗歌清新豪健,与黄庭坚并称"苏黄";词开豪放一派,与辛弃疾并称"苏辛"

然承认自己是学习柳宗元,对他非常推崇。

柳宗元的寓言形象地刻画了世道人心。比如《蝜蝂传》中写了一个贪心的小虫子,它看到什么就想要什么,把这些东西通通放在自己的背上,最后负担越来越重,压得它跌倒在地起不来。有人好心把它背上的东西拿下去,它却还不悔悟,只要能走了,还是老样子。而且,它还特别喜欢爬到高处,最后只能落得个摔死的下场。又比如《罴说》写一个猎人捕猎本领不强,却擅长吹竹模仿各种动物的声音,他想通过这样的方式引诱捕获野兽,却最终葬身熊罴之口。这些故事告诫人们要力所能及,不能贪心,否则终将受害。蝜蝂和猎人的身上体现的是社会生活的缩影,也不难看到柳宗元对自己一生的沉痛反思。

小知识◎《临江之麋》

  《临江之麋》是柳宗元寓言名作《三戒》中的一篇。内容是说有一只小鹿，从小被猎人养大，猎人的狗虽然对它垂涎三尺，但是碍于猎人之威，只能跟它友好相处。时间久了，小鹿忘了自己是只小鹿，把猎狗当作了自己的朋友，每天跟它们嬉戏打闹。3年后的一天，小鹿出门游玩，看到路边有很多野狗，很高兴地走过去，要跟它们一起玩，野狗们又喜又怒，毫不客气地吃了小鹿。而小鹿到死都不明白自己是怎么死的。这个故事影射了复杂的政治现实，如果不辨良善、不分敌友，那么在惨烈的政治斗争中，最后连自己是怎么失败的都不知道。

三 评价

柳宗元对朋友肝胆相照，不计个人得失，但是因为参与永贞革新，他的为人却受到了后人的非议。他为儒学发展做出了巨大贡献，但是因为他从思辨革新的角度来审视儒学，同时又信奉佛教，结果未能获得传统儒学家的认可。他的诗文独树一帜，却因为一些偏见，常常处在被贬低的境地，好在历史最终给出了公正的评价。

1. 柳宗元的为人

对于柳宗元为人的评价有一个焦点，就是他参与王叔文集团是对是错。

对于这个问题，历史上大多数人都持否定态度。

韩愈非常赞赏柳宗元的人品，高度赞美了他以柳易播的义举。但却批评他为了成就功业，急不择人，参与王叔文集团，没能坚守自己做人的原则，导致了人生悲剧。

韩愈的评论对后世影响很大，后世基本上沿袭了韩愈的看法。

比如，正史《旧唐书》跟《新唐书》都赞美柳宗元是"一代之宏才"，却因为言行不慎，跟王叔文集团的人交好，造成了不幸的命运。

宋代苏轼跟史书意见类似，认为柳宗元才学很高，当初要是没加入王叔文集团，"亦足以为唐名臣矣"，完全可以成为唐代名臣。王安石也说他"一为叔文所诱，遂陷于不义"，认为柳宗元跟王叔文结交，才导致了后来的悲惨命运，并且被后世人瞧不起。

这些评价主要还是站在传统道德立场上，对柳宗元进行评判。应该看到，柳宗元加入王叔文集团，固然有急功近利的一面，但是他的主要目的是借助这个平台施展自己的政治抱负,利国利民;而且从柳宗元的其他言行来看,他始终恪守着儒家道德,修身交友,并不是为了成功就不择手段的"小人"。如果以成败论英雄,未免有些偏颇了。

《祭柳子厚文》碑
此碑在广西柳州市柳侯公园。碑文是柳宗元生前好友皇甫湜(约777～约835年)所写,祭文赞扬了柳宗元超越常人的才能和珍贵的品格

2. 取得的成就

儒学成就

柳宗元在儒学史上具有重要地位，针对中唐儒学衰微的情况，他致力于弘扬儒道，继承和发展了儒家学说，对儒学复兴以及宋代理学的发展产生了重要影响。

但是，因为柳宗元曾经参与过王叔文集团，宋代的儒学家对柳宗元评价不高，贬低甚至抹煞了柳宗元在儒学复兴中的贡献，干脆用"韩、李（翱）"代替"韩柳"并称，认为韩愈和李翱才是传续儒学的功臣，否定柳宗元儒学家的身份。而且很多儒学家不满柳宗元信奉佛教，认为韩愈是儒学家，而柳宗元在思想主张方面跟他截然不同，代表人物包括宋代儒学家柳开、欧阳修等人。

这些看法深深地影响了后世对柳宗元的评价。其实，柳宗元不过是倡导儒学的权变，主张根据时代的发展，理解和推行儒家义理罢了，甚至吸取诸子百家以及佛教义理中合理的部分，把这些融汇到儒学中来。而在恪守传统的儒学家看来，这是剑走偏锋，悖离儒家道统，不能接受和理解。

但是，也有很多人公正地评价了柳宗元，比如李覯评价说，唐代儒学在前人发端之后，韩愈和柳宗元作为儒学复兴的盟主，弘扬儒道，促进了儒学的复兴。宋代穆修、田锡、石介等也都把柳宗元和韩愈并称，肯定他对儒学复兴的贡献。

文学成就

柳宗元的文章在唐代有些曲高和寡，因为当时文坛还没有完全从骈文的影响中解脱出来，而且当时流传更广的是元稹、白居易等文学家的作品。不过，柳宗元的知交好友们非常欣赏柳宗元的文章。韩愈对柳宗元给予了高度评价，刘禹锡也赞美柳宗元说，天下有才华的人灿若群星，但是柳宗元却是其中最亮的星星之一，让人仰视。《旧唐书》也说柳宗元的文章"精裁密致，灿若珠贝，当时流辈咸推之"，剪裁得当，精心架构，像珠贝一样熠熠生辉，很受同时代人的推崇。

白居易像
白居易（772～846年），字乐天，晚年又号香山居士，唐代著名诗人，代表诗作有《长恨歌》《卖炭翁》《琵琶行》等

而后代因为对柳宗元为人的苛评，导致在文坛上也常出现"扬韩抑柳"的现象，抬高韩愈，贬低柳宗元。总的来说，宋代对柳宗元的文章是比较推崇的。元代文坛对柳宗元却不太重视。而明朝不少有识之士则肯定了柳宗元的文学成就，茅坤编选《唐宋八大家文钞》，标志着

柳宗元正式成为"唐宋八大家"中的一员。直到清代,柳宗元才获得了应有的评价。

柳宗元在诗歌上的成就也很高,前人虽然也给予了他不少肯定,但是直到宋代苏轼,才真正认识到了他的价值,并且大力推荐。苏轼认为李白、杜甫之后,虽然诗人不少,但是好作品不多,大都才不及意。只有韦应物和柳宗元两位诗人的诗,淡中有味,比别的诗人写得都好。后世很多文学家都很赞成苏轼的评价,柳宗元的诗歌从而焕发出了更加夺目的光彩。

小知识◎韩愈之问

韩愈非常欣赏柳宗元的文学才华,他说正是柳宗元的坎坷成就了他的文学事业。要是柳宗元境遇不这么悲惨,不是这么一贬十几年,半生沉沦,那么他虽然文章写得也不错,但却不会在文学方面倾注这么大的心力,创作出享誉千载的作品。韩愈还提出了这样一个问题,假设柳宗元仕途顺利,封侯为相,拥有一时的富贵虚名,这种情况跟写出不朽的文章流芳百世比,到底哪个好,哪个坏呢?韩愈没有直接给出答案,历史却早已有了回答。

图书在版编目（CIP）数据

古文运动：韩愈、柳宗元 / 郭凌云著. — 郑州：中州古籍出版社，2014.6
（华夏文库）
ISBN 978-7-5348-4621-2

Ⅰ.①古… Ⅱ.①郭… Ⅲ.①韩愈（768～824）– 人物研究 ②柳宗元（773～819）– 人物研究 ③古文运动 – 研究 – 中国 – 唐代 Ⅳ.①K825.6 ②I209.42

中国版本图书馆CIP数据核字（2014）第024126号

华夏文库·儒学书系
古文运动：韩愈、柳宗元

总 策 划　耿相新　郭孟良
责任编辑　孙君君
责任校对　牛冰岩
封面设计　新海岸设计中心
版式设计　曾晶晶
美术编辑　曾晶晶
责任印制　刘新毅
项目统筹　单占生　萧　红（执行）

出　版	中州古籍出版社
	地址：河南省郑州市经五路66号
	邮编：450002
	电话：0371-65788693
经　销	新华书店
印　刷	河南新华印刷集团有限公司
版　次	2014年6月第1版
印　次	2014年6月第1次印刷
开　本	960毫米×640毫米　1 / 16
印　张	10印张
字　数	60千字
印　数	1–3000册
定　价	26.00元

本书如有印装质量问题，由承印厂负责调换